Contabilidade em processo:

da escrituração à controladoria

SÉRIE GESTÃO FINANCEIRA

DIALÓGICA

O selo DIALÓGICA da Editora InterSaberes faz referência às publicações que privilegiam uma linguagem na qual o autor dialoga com o leitor por meio de recursos textuais e visuais, o que torna o conteúdo muito mais dinâmico. São livros que criam um ambiente de interação com o leitor – seu universo cultural, social e de elaboração de conhecimentos –, possibilitando um real processo de interlocução para que a comunicação se efetive.

EDITORA intersaberes

Neusa Higa
Stella Maris Lima Altoé

Contabilidade em processo:

da escrituração à controladoria

EDITORA
intersaberes

Rua Clara Vendramin, 58 . Mossunguê
CEP 81200-170 . Curitiba . PR . Brasil
Fone: (41) 2106-4170
www.intersaberes.com
editora@editoraintersaberes.com.br

1ª edição, 2015.
Foi feito o depósito legal.

Dados Internacionais de Catalogação na Publicação (CIP)
(Câmara Brasileira do Livro, SP, Brasil)

Higa, Neusa
Contabilidade em processo: da escrituração à controladoria/ Neusa Higa, Stella Maris Lima Altoé. Curitiba: InterSaberes, 2015. (Série Gestão Financeira).

Bibliografia.
ISBN 978-85-443-0269-9

1. Contabilidade I. Altoé, Stella Maris Lima. II. Título. III. Série.

15-08429 CDD-657

Índice para catálogo sistemático:
1. Contabilidade 657

Sumário

Apresentação

Com o intuito de apresentar aos leitores uma maneira simples de ver, fazer e interpretar a contabilidade, procuramos expor didaticamente alguns pontos importantes neste livro. Dessa forma, a presente obra foi dividida em capítulos e também por linha de contabilidade – financeira e gerencial. Os capítulos 1, 2, 3 e 4 seguem a linha financeira, abordando a contabilidade cotidiana na prática. Em seguida, os capítulos 5, 6 e 7 tratam da área gerencial, sob o enfoque teórico da controladoria. Essa ordem foi estabelecida com o intuito de apresentar aos leitores o conhecimento e a diferenciação entre as linhas de pesquisas contábeis.

Nos capítulos em que abordamos a parte financeira da contabilidade, procuramos expressar todo o processo de escrituração contábil em consonância com as leis e as normas vigentes, lembrando que a legislação sofre constantes mudanças, de modo que devemos estar sempre atentos às alterações, tendo em vista o seu reflexo nas empresas. Os exercícios resolvidos, retirados da prática diária na contabilidade, foram escolhidos para compor esta obra com o intuito de proporcionar ao leitor uma expressão fidedigna das diversas demonstrações contábeis necessárias no cotidiano prático da profissão.

Na parte gerencial, buscamos discorrer inicialmente sobre a abordagem sistêmica, considerando que a empresa integra-se constantemente a diversos meios que, acoplados às informações financeiras, refletem tanto no modelo de gestão quanto no processo decisório. Inerente a essa discussão, temos a controladoria e os sistemas de controle gerencial, que atuam diretamente na busca da eficácia empresarial, bem como no acompanhamento das tarefas realizadas com o propósito de garantir a sinergia dos resultados.

Por fim, discorremos sobre a avaliação de desempenho, que verifica se as atividades empresariais, especificamente o processo de gestão, estão sendo concretizadas – nesse sentido, realizam-se *feedbacks* para constatar se a empresa está atingindo os resultados esperados.

Podemos então dizer que esta obra apresenta diferentes abordagens da contabilidade, sem ter com isso a pretensão de esgotar o assunto, mas sim buscar a reflexão e a compreensão de temas relevantes no tocante à área contábil.

Boa leitura!

Como aproveitar ao máximo este livro

Este livro traz alguns recursos que visam enriquecer o seu aprendizado, facilitar a compreensão dos conteúdos e tornar a leitura mais dinâmica. São ferramentas projetadas de acordo com a natureza dos temas que vamos examinar. Veja a seguir como esses recursos se encontram distribuídos no decorrer desta obra.

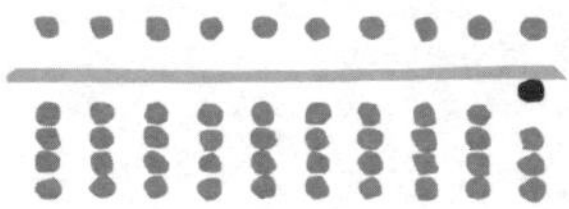

Conteúdos do capítulo

- Princípios contábeis: breve relato.
- Objetivos da contabilidade.
- Informações contábeis.
- Usuários da informação contábil.
- Convergência às Normas Internacionais de Contabilidade.

Após o estudo deste capítulo, você será capaz de:

1. entender os princípios e os objetivos da contabilidade;
2. compreender quais são as informações contábeis e os principais usuários da informação contábil;
3. compreender o processo de convergência às Normas Internacionais de Contabilidade, sobretudo no que tange ao cronograma da convergência, à normatização da convergência no Brasil e às especificidades da contabilidade.

Conteúdos do capítulo

Logo na abertura do capítulo, você fica conhecendo os conteúdos que serão abordados.

Após o estudo deste capítulo, você será capaz de:

Você também é informado a respeito das competências que irá desenvolver e dos conhecimentos que irá adquirir com o estudo do capítulo.

Exercícios resolvidos

A obra conta também com exercícios seguidos da resolução feita pelo próprio autor, com o objetivo de demonstrar, na prática, a aplicação dos conceitos examinados.

Exercício resolvido

1. Considere que a Empresa Fictícia Ltda. apresentou os seguintes fatos contábeis:
   - Uma despesa de R$ 10.000,00, sendo que 70% do pagamento foi realizado à vista e 30% a prazo.
   - Uma receita de R$ 50.000,00, sendo que 10% do recebimento aconteceu à vista e 90% a prazo.

   Agora, demonstre a apuração do resultado pelo regime de competência, regime de caixa e regime misto (regime de caixa para a receita e de competência para a despesa).

   Resolução

   Tabela 3.1 – Resolução do exercício

APURAÇÃO DO RESULTADO			
REGIMES DE COMPETÊNCIA		CAIXA	MISTO
Receita	50.000,00	5.000,00	5.000,00
(–) Despesa	10.000,00	7.000,00	10.000,00
= Resultado	40.000,00	(2.000)	
			(5.000,00)

Síntese

Você dispõe, ao final do capítulo, de uma síntese que traz os principais conceitos nele abordados.

Síntese

A controladoria, como órgão administrativo, por ser uma área recente, ainda não possui uniformidade completa nos aspectos relacionados às suas funções e práticas organizacionais. Nesse sentido, compreende uma área em que as definições e as funções básicas necessitam ser consolidadas. Com base nisso, primeiramente asseveramos que a controladoria pode ser entendida como ramo de conhecimento e também como órgão administrativo. Como este livro parte de uma abordagem empresarial, os aspectos aqui levantados referem-se à controladoria como órgão administrativo. O *controller* faz parte da cúpula administrativa e participa ativamente dos processos de planejamento e controle empresarial. Portanto, como missão, a controladoria busca a sinergia dos resultados globais de modo que a eficácia empresarial seja alcançada.

Perguntas & respostas

1. **Explique as origens e aplicações de recursos na contabilidade.**

As origens são as contas representadas no Passivo, ou seja, de onde vem os recursos, se são recursos próprios ou de terceiros que financiarão as aplicações, que são as contas representadas no Ativo.

2. **O estoque inicial de mercadorias de uma empresa no final de 2014 era de R$ 20.000,00, o estoque final de R$ 40.000,00 e o CMV durante o período foi de R$ 150.000,00. Do total das compras efetuadas, 60% foram a prazo. Determine o valor das compras a prazo.**

CMV = EI + C − EF

150.000,00 = 20.000,00 + C − 40.000,00

150.000,00 = C − 20.000,00

150.000,00 + 20.000,00 = C

C = 170.000,00

170.000,00 · 60% = 102.000,00

Perguntas & respostas

Nesta seção, o autor responde a dúvidas frequentes relacionadas aos conteúdos do capítulo.

Consultando a legislação

A contabilidade é regida por uma vasta legislação que engloba a área financeira, a área contábil e a área fiscal. Hoje em dia, é pertinente também a adequação às Normas Internacionais da contabilidade. Neste capítulo, utilizamos basicamente a Lei n. 6.404/1976, alterada pela Lei n. 11.638/2007, pela Lei n. 11.941/2009 e pela recente Lei n. 12.973/2014, que norteia todos os mecanismos contábeis para que a contabilidade atinja seus objetivos.

Vale salientar que essas leis estão referenciadas ao final da obra e que você pode consultá-las a fim de aprimorar os seus conhecimentos.

Consultando a legislação

Você pode consultar também os textos legais relacionados aos assuntos abordados no capítulo.

Questões para revisão

Com estas atividades, você tem a possibilidade de rever os principais conceitos analisados. Ao final do livro, o autor disponibiliza as respostas às questões, a fim de que você possa verificar como está sua aprendizagem.

Questões para revisão

1. Os valores das contas na Tabela 3.11 referem-se aos saldos registrados no Livro Razão da empresa Fictícia Ltda., em 31/12/2012, com vistas à apuração do resultado do exercício.

Tabela 3.14 – Rol das contas do balancete em 31/12/2012

EMPRESA FICTÍCIA LTDA. CNPJ: 00.000.000/0001-01		
01	ICMS sobre Compras	400,00
02	Frete sobre Compras	300,00
03	Frete sobre Vendas	800,00
04	Cofins	1.100,00
05	PIS sobre o Faturamento	400,00
06	Salários e Ordenados	2.000,00
07	Clientes	4.500,00
08	ICMS a Recolher	1.450,00
09	Compra de Mercadorias	3.600,00
10	FGTS	950,00
11	Conta Mercadorias	1.500,00
12	Fornecedores	3.155,00
13	ICMS sobre Vendas	2.100,00
14	Juros Passivos	400,00
15	Aluguéis Ativos	460,00
16	Duplicatas Descontadas	4.000,00
17	Venda de Mercadorias	12.640,00

No inventário realizado em 31 de dezembro de 2012, verificou-se a existência de mercadorias no valor de R$ 1.000,00.

Questões para reflexão

1. Fábio é estagiário de contabilidade da Empresa Fictícia Ltda. e verificou que, em uma das operações diárias da empresa, houve a quitação de uma dívida com desconto. Curioso, ele pediu que você lhe explicasse essa transação, contabilmente falando. Como você explicaria?
2. Explique a situação líquida quando a empresa apresenta a equação: ATIVO = PASSIVO – SITUAÇÃO LÍQUIDA.
3. No encerramento do Balanço Patrimonial, apura-se que o Passivo Exigível é maior que o Ativo. Explique a disposição dessa situação líquida na estrutura do Balanço Patrimonial.
4. Descreva uma situação em que devemos classificar um bem como *investimento*, ou seja, como adverso à sua atividade operacional.
5. Quando os estoques apresentarem itens deteriorados, obsoletos e morosos, entre outros, e uma baixa ou redução direta nos seus valores não for praticável, deve-se constituir uma provisão para reconhecer tal perda. Explique como pode ser a classificação das contas que serão componentes dos Estoques.

Questões para reflexão

Nesta seção, a proposta é levá-lo a refletir criticamente sobre alguns assuntos e a trocar ideias e experiências com seus pares.

Saiba mais

Você pode consultar as obras indicadas nesta seção para aprofundar sua aprendizagem.

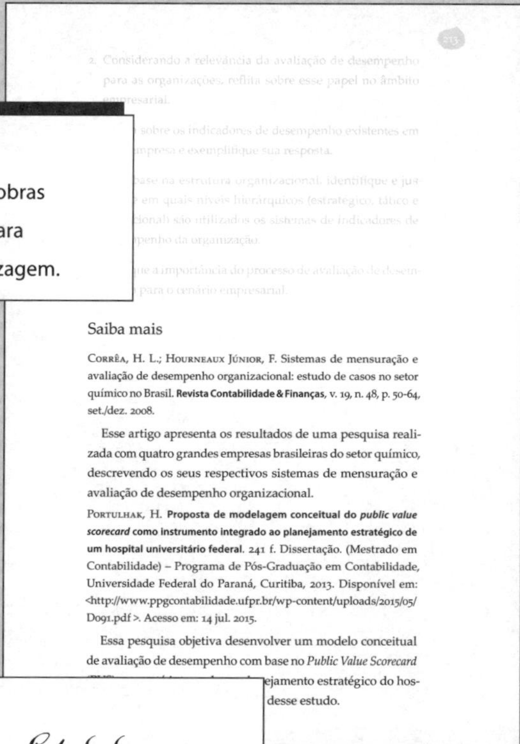

2. Considerando a relevância da avaliação de desempenho para as organizações, reflita sobre esse papel no âmbito empresarial.

Saiba mais

Corrêa, H. L.; Hourneaux Júnior, F. Sistemas de mensuração e avaliação de desempenho organizacional: estudo de casos no setor químico no Brasil. **Revista Contabilidade & Finanças**, v. 19, n. 48, p. 50-64, set./dez. 2008.

Esse artigo apresenta os resultados de uma pesquisa realizada com quatro grandes empresas brasileiras do setor químico, descrevendo os seus respectivos sistemas de mensuração e avaliação de desempenho organizacional.

Portulhak, H. **Proposta de modelagem conceitual do *public value scorecard* como instrumento integrado ao planejamento estratégico de um hospital universitário federal**. 241 f. Dissertação. (Mestrado em Contabilidade) – Programa de Pós-Graduação em Contabilidade, Universidade Federal do Paraná, Curitiba, 2013. Disponível em: <http://www.ppgcontabilidade.ufpr.br/wp-content/uploads/2015/05/D091.pdf >. Acesso em: 14 jul. 2015.

Essa pesquisa objetiva desenvolver um modelo conceitual de avaliação de desempenho com base no *Public Value Scorecard* … ejamento estratégico do hos- … desse estudo.

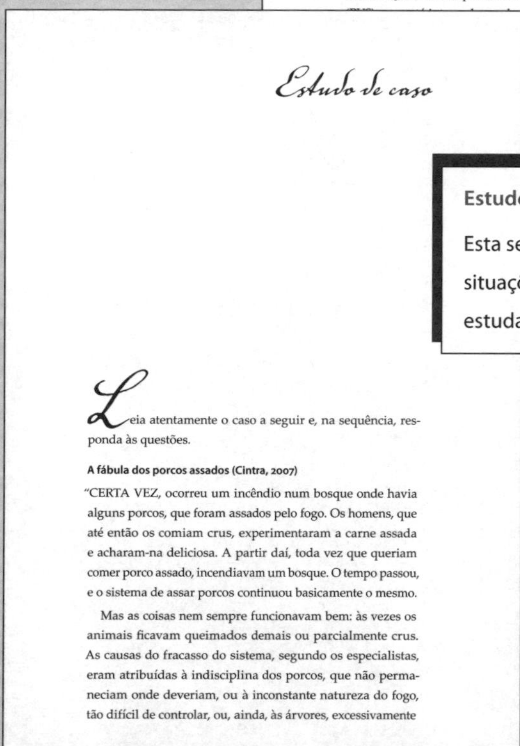

Estudo de caso

Leia atentamente o caso a seguir e, na sequência, responda às questões.

A fábula dos porcos assados (Cintra, 2007)

"CERTA VEZ, ocorreu um incêndio num bosque onde havia alguns porcos, que foram assados pelo fogo. Os homens, que até então os comiam crus, experimentaram a carne assada e acharam-na deliciosa. A partir daí, toda vez que queriam comer porco assado, incendiavam um bosque. O tempo passou, e o sistema de assar porcos continuou basicamente o mesmo.

Mas as coisas nem sempre funcionavam bem: às vezes os animais ficavam queimados demais ou parcialmente crus. As causas do fracasso do sistema, segundo os especialistas, eram atribuídas à indisciplina dos porcos, que não permaneciam onde deveriam, ou à inconstante natureza do fogo, tão difícil de controlar, ou, ainda, às árvores, excessivamente

Estudo de caso

Esta seção traz ao seu conhecimento situações que vão aproximar os conteúdos estudados de sua prática profissional.

I

Conhecendo a contabilidade

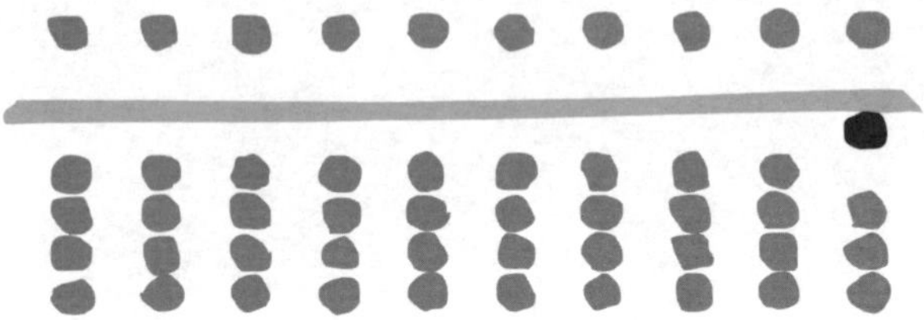

Conteúdos do capítulo

- Princípios contábeis: breve relato.
- Objetivos da contabilidade.
- Informações contábeis.
- Usuários da informação contábil.
- Convergência às Normas Internacionais de Contabilidade.

Após o estudo deste capítulo, você será capaz de:

1. entender os princípios e os objetivos da contabilidade;
2. compreender quais são as informações contábeis e os principais usuários da informação contábil;
3. compreender o processo de convergência às Normas Internacionais de Contabilidade, sobretudo no que tange ao cronograma da convergência, à normatização da convergência no Brasil e às especificidades da contabilidade.

De acordo com Hendriksen e Van Breda (2012), desde 1494 o frei Luca Pacioli já punha em destaque a teoria do débito e do crédito, ante a necessidade de controlar os bens, codificando o sistema de partidas dobradas num apêndice de um livro publicado em Veneza. Sob uma perspectiva histórica, o homem foi acumulando riquezas e surgiu a necessidade de controlar esses bens, logo, a origem da contabilidade está ligada à necessidade de registro da comercialização.

Os grandes acontecimentos da história, como o descobrimento da América e a Revolução Industrial, aconteceram em séculos nos quais houve poucos avanços na contabilidade. Foi só no século XVIII que surgiram os profissionais de contabilidade. Em 1880, houve a fundação do Instituto de Contadores registrados da Inglaterra e do País de Gales e, em 1887, a fundação do Instituto Americano.

Ao longo do tempo, a contabilidade passou por diversas mudanças, pois foi ficando cada vez mais forte a necessidade de encontrar formas menos complexas de controlar os bens e que oferecessem maior eficiência. Esse objetivo não é algo tão simples de ser alcançado. Mesmo existindo várias formas de interpretar os fatos contábeis, sabemos que o controle dos bens sob o método das partidas dobradas[1] perdurou por muito tempo, pois a sua lógica permite a visualização da situação patrimonial e financeira da empresa com bastante clareza. O que hoje existe é uma forma de melhorar e aperfeiçoar as técnicas relacionadas às áreas da contabilidade, tanto que esta é dividida em setores como: **público**, **comercial**, **industrial**, **de agropecuária**, **bancário**, **hospitalar**, **securitário**, entre outros; dentro de cada um deles, há outras segmentações, de acordo com as necessidades de cada atividade.

Essa diversidade necessita de direcionamentos, que se dão por meio de:

- **Normas**: As leis, as regras e os padrões que norteiam as empresas, indicando como devem ser os procedimentos contábeis.
- **Princípios**: As regras fundamentais admitidas como bases, ou seja, as formas de conduta ou os procedimentos contábeis a serem seguidos.
- **Harmonização**: A conciliação de diversos pontos de vista para obter a:
  - **padronização** – a adoção de um único modelo a seguir;
  - **convergência** – o ponto ou o grau no qual diferentes linhas dirigem-se ao mesmo ponto.

1.1 Princípios contábeis: breve relato

Na condição de ciência social, a contabilidade conta com ***princípios contábeis*** – hoje denominados dessa forma, mas já

1 Ao longo dos nossos estudos, desenvolvemos mais profundamente esse método, que deve ser considerado para os lançamentos contábeis, sendo de vital importância para a contabilidade.

foram conhecidos como *princípios de contabilidade geralmente aceitos* ou *princípios fundamentais da contabilidade* –, que são o centro da própria contabilidade, ou seja, as regras fundamentais admitidas como base, validadas para todos os patrimônios. A observância aos princípios contábeis é imprescindível para a contabilidade, ou seja, não podemos fazer contabilidade sem manter uma rigorosa observância a eles.

Os princípios são a essência dos conhecimentos, das doutrinas e das teorias que têm o respaldo da maioria dos estudiosos de contabilidade. O **conteúdo dos princípios** diz respeito à caracterização da entidade e do patrimônio – que por sua vez são efeitos que refletem no Patrimônio Líquido (PL), quando da sua avaliação e do seu reconhecimento. Os **objetivos pragmáticos da contabilidade** podem ser caracterizados pela palavra *informação*.

A Resolução CFC n. 750, de 29 de dezembro de 1993 (CFC, 1993), com alterações dadas pela Resolução CFC n. 1.282, de 28 de maio 2010 (CFC, 2010), dispõe sobre os seguintes princípios contábeis:

- **Princípio da entidade**: Existe desde a época do frei Luca Pacioli, que em 1494 indicou que o patrimônio da entidade ou da empresa não pode ser confundido com o patrimônio dos seus proprietários; sendo assim, deve-se distinguir o patrimônio da pessoa física do patrimônio da pessoa jurídica, para evitar problemas fiscais, gerenciais e também sociais.
- **Princípio da continuidade**: É o pressuposto que diz que a empresa terá continuidade ou estará operacionalizando no futuro, ou seja, indica que a empresa não tem prazo fixo de duração; sendo assim, parte-se do pressuposto de que as empresas têm tempo indeterminado de existência.
- **Princípio da oportunidade**: Indica que informações contábeis devem ser íntegras e disponibilizadas em tempo

hábil, ou seja, a contabilização deve ser comprovada por meio de documentos e no tempo certo. Isso significa dizer que não adianta apenas ter informações fidedignas; elas têm de ser disponibilizadas em tempo hábil. A recíproca é verdadeira: não adianta ter informações no tempo certo se elas não forem fidedignas. De acordo com esse princípio, deve haver um equilíbrio entre a integridade e a tempestividade.

- **Princípio do registro pelo valor original**: Indica que os componentes do patrimônio devem ser expressos pelo valor da aquisição e em moeda nacional (quando da compra). Essa observação (quando da compra) expressa as variações que ocorrem ao longo da vida útil sobre o patrimônio, as quais dependem das seguintes variáveis:
    - **custo corrente** – o valor dos Ativos e Passivos, se fossem adquiridos na data ou no período das Demonstrações Contábeis;
    - **valor realizável** – valores obtidos pela venda de um Ativo;
    - **valor presente**: uma das técnicas de avaliação que podem ser utilizadas para identificar o valor justo;
    - **valor justo** – valor pelo qual Ativos e Passivos poderiam ser trocados;
    - **atualização monetária** – é a correção da desvalorização da moeda, por meio da aplicação de indexadores ou outros elementos capazes de traduzir a variação do valor da moeda em um determinado período.
- **Princípio da competência**: Estabelece quando um determinado componente deixa de integrar o patrimônio para transformar-se em elemento modificador do PL. As receitas e as despesas são reconhecidas no momento da sua realização, independentemente do prazo para o pagamento ou para o recebimento. Esse princípio é o que rege o método das partidas dobradas.

- **Princípio da prudência**: Também conhecido como *conservadorismo*, refere-se à adoção dos menores valores para os Ativos e dos maiores valores para os Passivos, desde que estejam em bases conhecidas e aceitas, levando em consideração o princípio da oportunidade.

1.2 Objetivos da contabilidade

Segundo a Resolução n. 774 do CFC, de 16 de dezembro de 1994, "a existência de objetivos específicos não é essencial à caracterização de uma ciência, pois, caso o fosse, inexistiria a ciência 'pura', aquela que se concentra tão somente no seu objeto" (CFC, 1995).

De acordo com Gelbcke, Iudícibus e Martins (2007), o objetivo científico da contabilidade infere-se na apresentação correta do patrimônio e na compreensão e na análise correta das suas mutações. Sob uma ótica pragmática, a aplicação da contabilidade numa determinada empresa busca o fornecimento de informações aos usuários sobre aspectos de natureza econômica, financeira e física do patrimônio e suas mutações, por meio de registros, demonstrações, análises, diagnósticos e prognósticos que se apresentam em forma de relatórios, pareceres, notas explicativas, tabelas, planilhas, entre outros.

A **natureza econômica** é utilizada para explicar o processo de formação do resultado, ou seja, as mutações tanto quantitativas quanto qualitativas que alteram o valor do PL, sejam elas mais ou menos conhecidas, como as receitas e as despesas. Dessa forma, o capital, o patrimônio e os fluxos de receitas e de despesas são exemplos da dimensão econômica da contabilidade.

A **natureza financeira** evidencia os resultados, o desempenho da gestão e as perspectivas futuras da empresa. O capital de giro e os fluxos de caixa são exemplos da dimensão financeira.

A **natureza física** refere-se às mensurações de natureza física, tais como: quantidade gerada de produtos ou de serviços, número de depositantes em estabelecimentos bancários e outros que possam permitir melhor inferência, por parte do usuário, quanto à evolução do empreendimento.

1.3 Informações contábeis

As informações quantitativas da contabilidade devem permitir ao usuário da informação compreender a situação e a tendência da empresa, com o menor grau de dificuldade possível, para que possa participar do mundo econômico e também planejar as suas próprias operações sem quaisquer problemas de interpretação quanto às informações repassadas, por meio de observação, comparação, avaliação e projeção de investimentos.

As informações contábeis devem observar rigorosamente a aplicabilidade dos princípios de contabilidade, para a sua precisão e para o próprio desenvolvimento de aplicações práticas, as quais deverão levar em conta o contexto econômico, tecnológico, institucional e social em que os procedimentos serão aplicados.

No que tange às características qualitativas, elas compreendem: a compreensibilidade, a relevância, a confiabilidade, a comparabilidade, entre outras.

Para que essas características possam ser agrupadas nos relatórios contábeis, eles devem:

- Ser de fácil entendimento pelos usuários, ser acessíveis aos leigos e incluir informações relevantes, ainda que complexas.
- Ser relevantes às necessidades dos usuários na tomada de decisões – entende-se como relevantes as informações que podem influenciar na tomada de decisões.

- Ser livres de erros ou vieses relevantes e claros naquilo que propõem representar, devendo observar a primazia da essência sobre a forma, ou seja, a qualidade da informação é mais importante do que o obedecimento à lei. Além disso, devem manter a neutralidade, a prudência e a integridade.
- Permitir a comparabilidade dos relatórios em períodos sucessivos ao longo do tempo – mudanças de critérios devem ser explicitadas aos usuários.
- Fornecer informações em momentos oportunos sem a ocorrência de atrasos.

1.4 Usuários da informação contábil

A informação contábil das entidades deve ser **ampla, fidedigna** e **suficiente** para que seja possível avaliar a situação patrimonial da entidade e as mutações sofridas pelo seu PL, de modo que seja possível realizar uma previsão para o futuro. Tais características são imprescindíveis, especialmente se considerarmos a diversidade de interesse de usuários internos e de usuários externos.

Os **usuários internos** são os gerentes (administradores) e os investidores (sócios ou acionistas), chamados de *shareholders*, que estão interessados no retorno da empresa, pois aplicam o dinheiro a fim de obter retorno (lucro) e por isso desejam analisar a rentabilidade da empresa por meio da informação contábil. Os **usuários externos** são os chamados de *stakeholders*, que são os fornecedores, os bancos, o governo, os empregados, os concorrentes etc., os quais têm interesse em analisar a empresa por diversos motivos, seja para verificar o grau de risco de inadimplência, seja para verificar a geração de impostos aos cofres públicos, entre outros interesses.

Figura 1.1 – Usuários da informação contábil

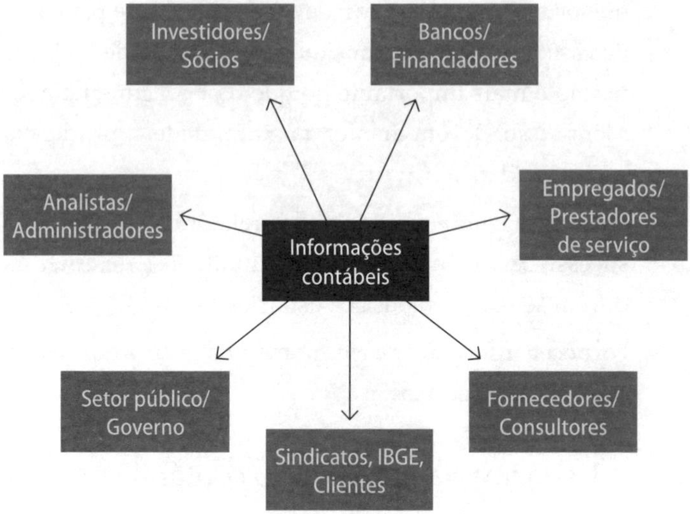

Fonte: Adaptado de Marion, 2009, p. 29.

1.5 Convergência às Normas Internacionais de Contabilidade

Com o advento da Lei n. 11.638, de 28 de dezembro de 2007 (Brasil, 2007) – que passou a vigorar em 1º de janeiro de 2008 e provocou a maior mudança da Lei Societária desde 1976 (Lei n. 6.404, de 15 de dezembro de 1976; Brasil, 1976) –, e da Lei n. 11.941, de 27 de maio de 2009 (Brasil, 2009), que alterou parte da Lei n. 6.404/1976, teve início o processo de convergência da contabilidade brasileira às Normas Internacionais de Contabilidade. Nesse processo, houve a segregação das práticas contábeis e fiscais no que tange à avaliação patrimonial. As principais razões dessa convergência foram as seguintes:

- os sistemas contábeis dos países aderentes à conversão passariam a ter maior facilidade nas análises comparativas de resultados financeiros;
- em termos de classificação, mensuração e relatórios contábeis, a convergência às normas supriria os usuários de relatórios contábeis com demonstrações mais apropriadas para as decisões econômicas;
- haveria redução do tempo relacionado à conversão de demonstrações financeiras de subsidiárias (empresas que, embora controladas ou dirigidas por outras, possuem grande parte ou o total das ações);
- facilitaria o ensino da contabilidade no mundo e portanto seria mais fácil transferir colaboradores de diferentes subsidiárias de empresas multinacionais;
- proporcionaria uma maior facilidade ao atendimento dos requisitos de diferentes bolsas de valores;
- proporcionaria um aumento de capital por meio de mercados de capitais estrangeiros;
- por fim, melhoraria a transparência.

1.5.1 Cronograma da convergência

O Internacional Accounting Standards Board (Iasb) é o principal órgão normatizador da convergência e emite as *International Financial Reporting Standards* (IFRS). O objetivo do Iasb é "desenvolver, com base em princípios claramente articulados, um conjunto único de pronunciamentos contábeis de alta qualidade, compreensíveis, exequíveis e aceitáveis globalmente" (IFRS, 2011).

Quadro 1.1 – Histórico das Normas Internacionais de Contabilidade

Anos	Histórico
1973	Foi criado o International Accounting Standards Committee (Iasc) com o objetivo de formular e publicar de forma totalmente independente um novo padrão de normas contábeis internacionais que possa ser mundialmente aceito. O Iasc foi criado como uma fundação independente sem fins lucrativos e com recursos próprios procedentes das contribuições de vários organismos internacionais, assim como das principais firmas de auditoria. Os primeiros pronunciamentos contábeis publicados pelo Iasc foram chamados de *International Accounting Standard* (IAS). Numerosas normas IAS ainda estão vigentes, apesar de terem sofrido alterações ao longo do tempo.
1997	O Iasc criou o Standing Interpretations Committee (SIC), um comitê técnico dentro da estrutura do Iasc, responsável pelas publicações de interpretações chamadas *SIC*, cujo objetivo é responder às dúvidas de interpretações dos usuários.
2001	Foi criado o Iasb na estrutura do Iasc, que assumiu as responsabilidades técnicas deste. A criação do Iasb teve como objetivo melhorar a estrutura técnica de formulação e validação dos novos pronunciamentos internacionais a serem emitidos pelo Iasb com o novo nome de pronunciamentos *International Financial Reporting Standard*. O novo nome, que foi escolhido pelo Iasb, demonstrou a vontade do comitê de transformar progressivamente os pronunciamentos contábeis anteriores em novos padrões internacionalmente aceitos de reporte financeiro com a finalidade de responder às expectativas crescentes dos usuários da informação financeira (analistas, investidores, instituições etc.). Dentre todos, os sistemas alemães e canadenses foram considerados os mais adequados, enquanto os sistemas inglês e americano são os que mais necessitam de adaptações. Em dezembro do mesmo ano, o nome do SIC foi mudado para International Financial Reporting Interpretations Committee (Ifric), o qual passou a ser responsável pela publicação, a partir de 2002, de todas as interpretações sobre o conjunto de normas internacionais.
2004	Em março de 2004, muitas das normas IAS/IFRS foram publicadas pelo Iasb, incluindo a norma IFRS 1, que define os princípios a serem respeitados pelas empresas no processo de conversão e primeira publicação de demonstrações financeiras em IFRS.
2005	Desde 1º de janeiro de 2005, todos as empresas europeias abertas passaram a adotar obrigatoriamente as normas IFRS para publicarem suas demonstrações financeiras consolidadas.
2008	Em 31 de dezembro de 2008, encerrou-se o prazo do período de adaptação.
2009	Entraram em vigor as normas e os padrões do IFRS, tornados obrigatórios para todas empresas de capital aberto e de capital fechado de médio e grande portes. Os bancos passaram a exigir as demonstrações financeiras de acordo com o novo padrão.

Fonte: Adaptado de Freire et al., 2012, p. 6-22.

1.5.2 Normatização da convergência no Brasil

O processo de convergência no Brasil se deu pelos seguintes passos:

a) A Resolução CFC n. 1.055, de 7 de outubro de 2005 (CFC, 2005), criou o Comitê de Pronunciamentos Contábeis (CPC).

b) A Lei n. 11.638/2007 estende às sociedades de grande porte as disposições relativas à elaboração e à divulgação de demonstrações financeiras.

c) Com a regulamentação da Lei n. 11.638/2007, a Comissão de Valores Mobiliários (CVM) editou a Instrução CVM n. 469, de 2 de maio de 2008 (CVM, 2008c).

d) Convergência das Normas Contábeis do Sistema Financeiro Nacional às Normas Internacionais (Banco Central do Brasil – BCB).

e) Medida Provisória n. 449, de 3 de dezembro de 2008, da Secretaria da Receita Federal (Brasil, 2008).

f) Edição da Lei n. 11.941/2009, que converteu em lei a MP n. 449/2008.

g) Em janeiro de 2010, foi assinado o Memorando de Entendimento entre o Iasb, o Conselho Federal de Contabilidade (CFC) e o Comitê de Pronunciamentos Contábeis(CPC). Esse documento assegura que o CPC continuará a emitir as normas brasileiras de contabilidade com base nas normas emitidas pelo Iasb.

Quadro 1.2 – Histórico das Normas Internacionais de Contabilidade no Brasil

Anos	Histórico
1977	Lei n. 6.404/1976.
1981	CFC institui a Resolução n. 750/1981.

(continua)

(*Quadro 1.2 – conclusão*)

Anos	Histórico
2005	CFC, por meio da Resolução n. 1.055, de 7 de outubro de 2005 (CFC, 2005), criou o Comitê de Pronunciamentos Contábeis (CPC).
2007	Lei n. 11.638/2007 – Alteração da Lei n. 6.404/1976.
2009	Lei n. 11.941/2009 – Alteração da Lei n. 6.404/1976.
2010	Resolução CFC n.1.282/2010.
2014	Lei n. 12.973, de 13 de maio de 2014.

Fonte: Adaptado de Freire et al., 2012, p. 6-22.

A Resolução CFC n. 1.055/2005 criou o CPC e representa a união de esforços e objetivos das entidades que fazem parte do Comitê, quais sejam:

- Associação Brasileira das Companhias Abertas (Abrasca);
- Associação dos Analistas Profissionais de Investimentos do Mercado de Capitai (ApimecNacional);
- Bolsa de Valores, Mercadorias e Futuros (BM & FBovespa);
- Conselho Federal de Contabilidade (CFC);
- Instituto dos Auditores Independentes do Brasil (Ibracon);
- Fundação Instituto de Pesquisas Contábeis, Atuariais e Financeiras (Fipecafi).

1.5.3 As especificidades da contabilidade

A Junta de Normas Internacionais, ou International Accounting Standards Board (Iasb), preocupada com a convergência das normas no que diz respeito às especificidades de normas entre os diferentes países, afirma em seu *framework* (estrutura conceitual básica) estar comprometida "em reduzir tais diferenças buscando harmonizar as regulamentações, normas contábeis e procedimentos relacionados com a preparação e apresentação de demonstrações contábeis" (IFRS, 2011).

As especificidades ou peculiaridades dos países aderentes às Normas Internacionais de Contabilidade tornam as convergências mais complexas, devendo, antes da convergência, haver a harmonização e a padronização das normas.

Niyama (2005) assevera que a **harmonização** permite a aproximação das normas e práticas de outros países, em busca da preservação das particularidades de cada um, o que possibilita a reconciliação dos sistemas contábeis com o intuito de melhorar a troca de informações a serem interpretadas e compreendidas.

Com a harmonização, obtém-se a **padronização**, que é a adoção de um único modelo para diversos países com a finalidade de **convergência**, que é o ponto ou o grau no qual as diferentes linhas dirigem-se ao mesmo ponto.

A Lei n. 11.941/2009, em seu art. 15, dispõe sobre o Regime Tributário de Transição (RTT), com o objetivo de normatizar os ajustes necessários para a anulação dos efeitos tributários da conversão às Normas Internacionais de Contabilidade; porém, o RTT foi revogado pelo art. 117 da Lei n. 12.973, de 13 de maio de 2014, que entrou em vigor no dia 1º de janeiro de 2015.

Conforme determina a Instrução, CVM n. 457, de 13 de julho de 2007, e o Comunicado do Banco Central n. 14.259, de 10 de março de 2006 (BCB, 2006), a partir do exercício de 2010, as companhias de capital aberto deverão apresentar demonstrações financeiras consolidadas.

Síntese

Os princípios contábeis foram abordados aqui de forma sucinta, apenas para relatar como a contabilidade se desenvolveu, como consequência da necessidade de controlar os bens, chegando hoje em dia à convergência às Normas Internacionais da Contabilidade. Vimos que o início do registro da história da contabilidade deu-se no século XV, com o frei Luca Pacioli, num livro que tratava da matemática. Uma seção desse livro abordava o sistema de escrituração pelo método das partidas dobradas, que foi o primeiro material publicado a respeito.

O objetivo inicial da contabilidade era gerar informações para o conhecimento do proprietário, o dono do capital, que geralmente era o único. As contas eram sigilosas, pois interessavam apenas ao proprietário. Hoje, a contabilidade tem informações divididas em aspectos econômicos, financeiros e físicos, as quais interessam a diversos usuários (*shareholders* e *stakeholders*). Portanto, é necessária a fidedignidade dos registros dos atos e fatos para o levantamento dessas informações por meio de demonstrações, relatórios, pareceres, notas explicativas etc.

A contabilidade passa por mudanças para a convergência às Normas Internacionais da Contabilidade, que geram a expectativa de diversas melhorias na área contábil. Para essa convergência, são necessários diversos mecanismos de regulação. Os profissionais da área estão engajados nesses estudos para adequar as normas à realidade brasileira.

Assim, neste capítulo, apresentamos um breve relato sobre a contabilidade, mostrando algumas de suas normas, princípios, legislações e alterações. Esse breve conteúdo que foi aqui desenvolvido é o mínimo necessário para adentrarmos na contabilidade propriamente dita.

Perguntas & respostas

1. Após a leitura deste capítulo, qual é o conceito atribuído à contabilidade? É uma ciência ou uma técnica?

É uma ciência que utiliza técnicas para registrar e controlar o patrimônio de entidades, de fins lucrativos ou não, oferecendo informações sobre a sua composição e as variações ao longo de um período.

2. Vimos um breve relato dos princípios contábeis. Qual é a importância dos princípios contábeis?

Se pensarmos no sentido da palavra *princípios*, estaremos já respondendo à pergunta. *Princípio* é aquilo que regula o comportamento ou os atos de alguém – norma ou regra. Se não existissem os princípios, cada empresa adotaria uma forma de contabilizar seus bens, o que inviabilizaria a divulgação da informação necessária. A utilidade, a aplicabilidade e os objetivos devem ser características dos princípios contábeis.

Consultando a legislação

No Brasil, a contabilidade financeira segue basicamente as diretrizes da Lei n. 6.404/1976, alteradas pela Lei n. 11.638/2007 e pela Lei n. 11.941/2009, e pela recente Lei n. 12.973/2014, que ampara os procedimentos contábeis, de modo que a contabilidade alcance seus objetivos.

Salientamos que tais legislações estão referenciadas no final deste livro.

Questões para revisão

1. De acordo com o exposto e sob a sua ótica, descreva os benefícios que a convergência às Normas Internacionais da Contabilidade pode trazer aos países aderentes.

2. Pesquise e descreva a Lei n. 12.973/2014, que entrou em vigor em 1º de janeiro de 2015.

3. Quando tratamos das mutações quantitativas ou qualitativas da contabilidade, que alteram o valor do Patrimônio Líquido, seja para mais, seja para menos, estamos tratando da:
   a) natureza física.
   b) natureza financeira.
   c) natureza econômica.
   d) natureza patrimonial.

4. Sobre o princípio da competência, é correto afirmar:
   a) É conhecido como *conservadorismo*.
   b) É o princípio que rege o método das partidas dobradas.
   c) Os componentes do patrimônio devem ser expressos pelo valor da aquisição, em moeda nacional.
   d) É a adoção do menor valor para os Ativos e maior valor para os Passivos.

5. A expressão "O patrimônio da empresa não pode ser confundido com o patrimônio de seus proprietários" refere-se ao princípio:
   a) da continuidade.
   b) da oportunidade.
   c) da competência.
   d) da entidade.

Questões para reflexão

1. Depois da leitura deste capítulo, podemos dizer que a contabilidade é uma ciência ou uma técnica?

2. Quais são os principais meios utilizados pela contabilidade para atingir sua finalidade?

3. Você já parou para pensar por que o Patrimônio Líquido é usado como a conta final do Balanço Patrimonial?

4. A contabilidade brasileira adota o regime de competência. Porém, se o lançamento for efetuado obedecendo ao regime de caixa, quando o compararmos ao regime de competência para levantamento do Balanço Patrimonial, qual será a consequência das despesas que não foram pagas no exercício?

5. A essência das doutrinas relativas à ciência da contabilidade está nos princípios fundamentais, conforme o entendimento dos profissionais da área. Nesse sentido, qual é a observância do princípio da oportunidade?

Saiba mais

Freire, M. D. de M. et al. Aderência às normas internacionais de contabilidade pelas empresas brasileiras. **Revista de Contabilidade e Organizações**, v. 6, n. 15, p. 3-22, 2012. Disponível em: <http://www.rco.usp.br/index.php/rco/article/viewFile/384/236>. Acesso em: 14 abr. 2015.

Esse artigo discorre sobre a evolução da história da contabilidade a partir da aderência às Normas Internacionais de Contabilidade. O texto é muito importante para agregar conhecimento profundo, além de auxiliar no entendimento do processo de convergência e harmonização que foram expostos neste capítulo. A abordagem que realizamos nesta obra foi superficial, apenas com o intuito de conhecimento prévio, mas esse assunto pode ser mais profundamente esclarecido com a leitura dessa referência.

2

O estudo das contas inseridas na contabilidade

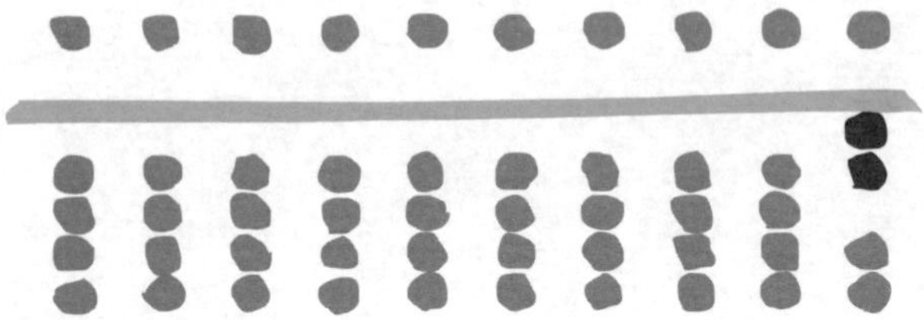

Conteúdos do capítulo

- Conceito de contas contábeis.
- Elementos, apresentação e funcionamento de uma conta.
- Teoria das contas: teoria personalista, teoria materialista e teoria patrimonialista.
- O mecanismo do débito e do crédito.
- As contas Patrimoniais: Ativo e Passivo.
- As contas de Resultado: receitas, custos e despesas.
- Plano de contas.

Após o estudo deste capítulo, você será capaz de:

1. compreender o conceito, os elementos, a apresentação e o funcionamento de uma conta contábil;
2. entender as diferentes teorias das contas;
3. compreender o funcionamento do mecanismo de débito e de crédito;
4. entender a finalidade das contas Patrimoniais e de Resultado.

No sentido literal do termo, *contabilidade* é a arte de escriturar livros contábeis; ela também pode ser entendida como *cálculo*. Como ela deriva do termo *conta*, para poder fazer a contabilidade, precisamos entender essas contas.

Sob a ótica contábil, vários conceitos são atribuídos às *contas*, palavra que pode ser entendida como um termo técnico que utilizamos para os registros dos fatos patrimoniais, ou seja, toda ocorrência que envolve o patrimônio, as receitas e as despesas de uma entidade, podendo ainda ser entendida como a representação gráfica dos débitos e dos créditos que qualificam os componentes patrimoniais.

2.1 Conceito de contas contábeis

A contabilidade por ações – regida pela Lei n. 6.404, de 15 de dezembro de 1976 (Brasil, 1976), alterada pela Lei n. 11.638, de 28 de dezembro de 2007 (Brasil, 2007), e Lei n. 11.941, de 27 de maio de 2009 (Brasil, 2009), e pela recente Lei n. 12.973, de 13 de maio de 2014 (Brasil, 2014a) – regulamenta e norteia toda contabilidade no que diz respeito às diretrizes de apresentação das contas e suas derivações (as diversas demonstrações geradas por meio dos registros contábeis), à forma de apresentação das demonstrações e à classificação de cada conta no seu grupo, além de determinar quais são as demonstrações obrigatórias, entre outras diversas determinações.

A Figura 2.1 nos mostra alguns exemplos de contas.

Figura 2.1 – Exemplos de contas

Contas

- ☑ Capital Social
- ☑ Caixa
- ☑ Duplicatas a receber
- ☑ Veículos
- ☑ Empréstimos
- ☑ Mercadorias
- ☑ Custo da mercadoria vendida

As contas contábeis, segundo a Lei n. 6.404/1976 e suas alterações mencionadas, são classificadas em grupos ou subgrupos de contas que compõem as demonstrações contábeis. Eis a redação: "Art. 178: No Balanço Patrimonial (BP), as contas serão classificadas segundo os elementos do patrimônio que registrem, e agrupadas de modo facilitar o conhecimento e a análise da situação financeira da companhia" (Brasil, 1976).

O mesmo artigo dessa lei determina que as "contas sejam dispostas em ordem decrescente do grau de liquidez" (Brasil, 1976), que se refere ao prazo em que elas podem ser transformadas em caixa (numerários), pois algumas são de liquidez imediata e outras precisam de tempo para se transformar em liquidez imediata. Por exemplo, a empresa pode ter duplicatas a receber de curto e de longo prazo; sendo assim, no BP, as de curto prazo devem figurar primeiro, pois têm um grau de liquidez maior.

2.2 Elementos, apresentação e funcionamento de uma conta

Na contabilidade, os elementos essenciais de uma conta são a nomenclatura da conta, o débito, o crédito, o histórico e o saldo. Os saldos das contas podem se apresentar como:

- **Devedor**: Quando o valor do débito for maior que o crédito.
- **Credor**: Quando o valor do débito for menor que o crédito.
- **Saldo nulo**: Quando o débito for igual ao crédito.

Nesse mesmo contexto, temos o razonete, que é a representação gráfica da conta, que chamamos de *conta em T*, na qual o lado esquerdo chama-se *débito* e o lado direito, *crédito*. Veja o exemplo na figura a seguir.

Figura 2.2 – Razonetes em T

Título da conta	
Débito	Crédito

	D	**C**
	Caixa	
	500,00	100,00
Saldo	400,00	

Ressaltamos que a representação gráfica utilizada na Figura 2.2 tem como objetivo proporcionar uma melhor compreensão sobre como funcionam ou se comportam as contas. Devemos sempre ter em mente que o funcionamento das contas na contabilidade deve ser simples. Para isso, utilizamos o **método das partidas dobradas**; ou seja, para cada conta devedora, temos uma ou mais contas credoras e vice-versa. O raciocínio é lógico.

Vamos a um exemplo simples para entender como funcionam as contas: imagine que você tem um valor de R$ 25.000,00 e o usou para comprar um veículo. Veja como é lógico: você ficou sem o dinheiro, mas agora tem um veículo – ou seja, fez uma permuta do dinheiro pelo bem. A contabilidade funciona exatatamente dessa forma. Se essa operação fosse para uma empresa, registraríamos esse fato contábil da seguinte forma:

Débito da conta: Veículos

Crédito na conta: Caixa

Histórico do fato: Pela compra de um veículo em dinheiro

E o saldo? Ora, o saldo das contas depende do valor que já estava registrado anteriormente. Vamos supor que não houvesse nenhum veículo registrado na contabilidade e que, para comprar o carro à vista, era preciso que houvesse um saldo no Caixa de, no mínimo, R$ 25.000.00. Nesse caso, supondo que o saldo do Caixa fosse R$ 25.500,00, ao fazermos esses lançamentos, o saldo da conta Veículo ficaria com um débito de R$ 25.000,00 e o saldo da conta Caixa ficaria com um saldo a débito de R$ 500,00.

Assim, podemos dizer que os **elementos** devem compor as contas, a **apresentação** é como podemos demonstrar graficamente a conta e o **funcionamento** é a forma como ela é movimentada. Todos esses aspectos estão relacionados com o débito ou o crédito.

2.3 Teoria das contas

As diferentes formas de classificação e interpretação das contas, devido às diversas posições de doutrinadores a respeito, culminaram no surgimento de várias escolas que foram aperfeiçoando a ciência com a criação de várias teorias, dentre as quais podemos destacar:

- Teoria personalista;
- Teoria materialista;
- Teoria patrimonialista.

2.3.1 Teoria personalista

Na teoria personalista, as contas assumem a configuração de pessoas em relação ao patrimônio da entidade, ou seja, os débitos efetuados nas contas dessas pessoas representam suas responsabilidade e os créditos, seus direitos em relação ao titular do patrimônio. Podemos citar como exemplo: em relação ao patrimônio, a conta Caixa é sempre devedora e a conta Duplicatas a pagar é sempre credora. Logo, perante o patrimônio, as contas que representam os bens e direitos (Ativo) são devedoras e as contas de obrigações e Patrimônio Líquido – PL (Passivo) são credoras.

Nessa teoria, os tipos de contas são classificados em:

- **Conta dos proprietários**: Contas que representam o PL, incluindo suas variações, como as receitas e as despesas. Exemplos: Capital Social, Lucros Acumulados, Despesa com Pessoal, Receitas de Serviços etc.
- **Conta dos agentes consignatários**: Contas que representam os bens da empresa, ou seja, consistem nas pessoas (contas) a quem a entidade confia a guarda dos bens (Ativo). Exemplos: Caixa, Veículos, Imóveis etc.
- **Conta dos agentes correspondentes**: Contas que representam os direitos e as obrigações do patrimônio perante terceiros que se posicionam como devedores ou credores da entidade. Os clientes devem à empresa o valor correspondente a suas compras e os fornecedores são credores da empresa em relação às vendas a prazo. Daí resulta que Clientes é a conta devedora e Fornecedores é a conta credora.

2.3.2 Teoria materialista

A teoria materialista é oposta à teoria personalista, pois defende que as contas representam entradas e saídas de valores, e não uma simples relação de débito e crédito entre pessoas (exclui as relações com terceiros).

Essa teoria classifica as contas em dois grupos:

- **Contas Integrais**: Contas Ativo e Passivo Exigível.
- **Contas Diferenciadas**: Contas que representam o PL e suas variações, incluindo as contas Receitas e Despesas.

2.3.3 Teoria patrimonialista

Apresenta o PL como o objeto central da contabilidade, segregando as contas que indicam a composição do patrimônio das contas que registram a movimentação (dinâmica) da situação patrimonial. Essa teoria foi criada em 1926, por Vincenzo Masi, e é a usualmente adotada no Brasil.

As contas são classificadas em dois grupos.

- **Contas Patrimoniais**: Englobam as contas Ativo (bens e direitos), Passivo (obrigações) e PL da entidade.
- **Contas de Resultados**: Englobam as contas Receitas e Despesas (contas que alteram o PL).

2.3.4 Síntese das teorias das contas

Vimos aqui três das mais importantes das teorias das contas para que você conhecesse um pouco da origem da classificação das contas segundo a contabilidade. Assim, as contas são classificadas em dois grandes grupos: **contas Patrimoniais** e **contas de Resultados**.

As contas Patrimoniais representam o Ativo, o Passivo Exigível e o PL. Essas contas figurarão no BP da entidade. Já as contas de Resultados representam o registro das variações patrimoniais e englobam receitas e despesas, servindo também para determinar o resultado do exercício. Essas contas figurarão na Demonstração de Resultado do Exercício (DRE) da entidade.

Figura 2.3 – Discriminação das contas: Patrimoniais e de Resultado

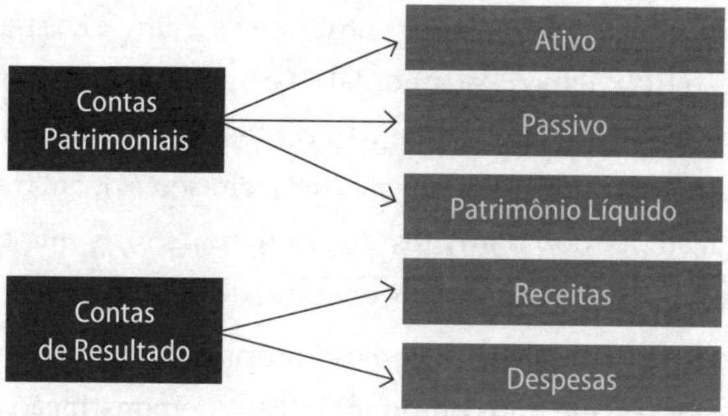

2.4 O mecanismo do débito e do crédito

Como vimos anteriormente, o razonete é a representação gráfica da conta e apresenta duas colunas – quando há um débito, registramos o valor correspondente no lado esquerdo do gráfico; quando há um crédito, registramos o valor correspondente no lado direito do gráfico.

Portanto, para melhor compreensão do que ocorre quando efetuamos os registros de contas a débito e de contas a crédito, ou seja, para melhor entender o efeito matemático que ocorre nas contas, podemos utilizar o esquema do Quadro 2.1.

Quadro 2.1 – Explicativo de lançamento das contas e suas consequências

LADO	CONTAS	DÉBITO	CRÉDITO	SALDO
Esquerdo	ATIVO	**Aumenta**	Diminui	Devedor
Direito	PASSIVO	Diminui	**Aumenta**	Credor
Direito	PATRIMÔNIO LÍQUIDO	Diminui	**Aumenta**	Credor
Direito	RECEITAS	Diminui	**Aumenta**	Credor
Esquerdo	DESPESAS	**Aumenta**	Diminui	Devedor

2.5 As contas Patrimoniais

A Lei n. 6.404/1976 – alterada pela Lei n. 7.730, de 31 de janeiro de 1989 (Brasil, 1989), Lei n. 11.638/2007 e Lei n. 11.941/2009 –, na seção III (Balanço Patrimonial – Grupo de Contas), art. 178 a 184, dispõe sobre o grupo das contas Ativo, Passivo e PL. Vale comentar que a Lei n. 7.730/1989, em seu art. 29, trata da revogação de todo o art. 185 da Lei n. 6.404/1976, que corresponde à parte da Correção Monetária de Balanço.

As contas *Patrimoniais*, como o próprio nome já identifica, são as contas que irão compor o BP. Essa demonstração é obrigatória pela Lei das Sociedades por Ações e suas alterações (Lei n. 6.404/1976). Além de dispor sobre a obrigatoriedade de apresentação das demonstrações financeiras, essa lei também versa sobre as disposições no grupo de contas, norteando um padrão de apresentação para todas as entidades jurídicas.

O BP apresenta as contas de forma sintética, com seus respectivos saldos findos do período a que se refere na ordem de maior para o menor grau de liquidez das contas. É composto pelos grupos Ativo, Passivo e PL e tem a finalidade da evidenciação qualitativa e quantitativa da situação financeira e patrimonial após os registros dos fatos patrimoniais escriturados na contabilidade, conforme mostra o Quadro 2.2.

Quadro 2.2 – Classificação do Ativo e do Passivo

ATIVO	**PASSIVO**
ATIVO CIRCULANTE Art. 179 da Lei n. 6.404/1976 "I – No ativo circulante: as disponibilidades, os direitos realizáveis no curso do exercício social subsequente e as aplicações de recursos em despesas do exercício seguinte."	**PASSIVO CIRCULANTE** Art. 180 da Lei n. 6.404/1976 Obrigações da entidade com liquidação dentro do exercício social seguinte, além é claro, das já vencidas.

(continua)

(*Quadro 2.2 – conclusão*)

ATIVO	PASSIVO
ATIVO NÃO CIRCULANTE Art. 179 da Lei n. 6.404/1976 "II – [...] ativo realizável a Longo Prazo [...]; III – [...] investimentos [...]; IV – Ativo Imobilizado [...]; V – Intangível [...]"	**PASSIVO NÃO CIRCULANTE** Art. 180 da Lei n. 6.404/1976 Refere-se aos mesmos itens do Passivo Circulante, porém os vencimentos extrapolam o exercício seguinte do balanço. **PATRIMÔNIO LÍQUIDO** Art. 182 da Lei n. 6.404/76 "A conta do capital social discriminará o montante subscrito e, por dedução, a parcela ainda não realizada. §1º [...] reservas de capital [...] §2º [...] §3º [...] ajustes de avaliação patrimonial [...] §4º [...] reservas de lucros [...] §5º as ações em tesouraria [...]"

Fonte: Elaborado com base em Brasil, 1976.

2.5.1 Ativo

O Ativo compreende os bens e os direitos da entidade. Conforme a Lei n. 6.404/1976 e suas alterações, as contas devem ser dispostas pelo grau de liquidez, ou seja, aquelas que podem ser transformadas em numerários mais rapidamente são as primeiras que aparecem no BP; portanto, a estrutura utilizada nas normas brasileiras está mais próxima da estrutura utilizadas nas normas estadunidenses (USGAAP)[1].

2.5.1.1 Ativo Circulante

O Ativo Circulante compreende as contas que contêm os recursos financeiros de liquidação imediata ou, em outras palavras, os recursos disponíveis na data de elaboração das demonstrações financeiras. Segundo a Lei n. 6.404/1976 e suas alterações, esses recursos compreendem as **disponibilidades** – por exemplo, dinheiro em caixa, numerários em conta bancária, aplicações de curtíssimo prazo e numerários em trânsito de qualquer natureza.

1 *United States Generally Accepted Accouting Principles* (USGAAP). Em português, essa sigla significa Princípios Contábeis Geralmente Aceitos nos Estados Unidos da América. Essas são as normas contábeis estadunidenses emitidas pela Financial Accounting Standards Board (Fasb), que é o órgão responsável pela regulamentação das práticas contábeis.

Os **direitos realizáveis (Créditos)** são valores a receber de curto prazo, ou seja, os vencíveis até o final do exercício subsequente do encerramento do balanço. Esses direitos podem ser advindos, por exemplo, da receita de vendas a prazo de mercadorias e/ou serviços ou podem ser decorrentes de outras transações que gerem valores a receber. Os **estoques** também são classificados nesse subgrupo, seja de mercadoria para revenda, seja de matérias-primas, produtos em elaboração e produtos acabados, conforme a Lei n. 6.404/1976.

A NBC – T3 classifica os estoques em subgrupos separados para destacá-los, pois geralmente representa um valor significativo do Ativo Circulante.

Nos direitos realizáveis, podemos citar as seguintes contas como exemplos: Duplicatas a receber, Clientes, Estoques, Adiantamento a funcionários, PCLD (Provisão para Créditos de Liquidação Duvidosa) etc.

2.5.1.2 Ativo não Circulante

O Ativo não Circulante representa as contas de direitos realizáveis que não se enquadram no Ativo Circulante, ou seja, aquelas contas que não têm grau de liquidez imediata e, assim, necessitam de um tempo para serem transformadas em Caixa.

Realizável a longo prazo

Compreendem as contas que terão prazo de vencimento superior ao exercício subsequente do encerramento do balanço. Conforme a Lei n. 6.404/1976, art. 179, estão incluídos: "[...] diretores e acionista ou participantes no lucro da companhia, que não constituírem negócios usuais na exploração do objeto da companhia" (Brasil, 1976). Isso significa que, se a companhia tiver objetivos comerciais, conceder empréstimos ou adiantamento em dinheiro a diretor, acionista, coligada e controlada, mesmo que o contrato esteja estipulado a curto prazo, ainda assim o valor correspondente deverá ser contabilizado no Ativo não Circulante. Porém, se a companhia lhes vender uma mercadoria a prazo, deverão ser considerados como clientes e classificados no Ativo Circulante.

Investimentos

Os investimentos estão destacados na Lei n. 6.404/1976, art. 179: "[...] as participações permanentes em outras sociedades e os direitos de qualquer natureza, não classificáveis no ativo circulante, e que não se destinem à manutenção da atividade da companhia ou da empresa" (Brasil, 1976). Isso quer dizer que Ativos de qualquer natureza que não pertençam a nenhum dos outros Ativos (Circulante, Realizável a Longo Prazo, Imobilizado ou Intangível), às participações a título de ações ou às contas com permanência em outras sociedades, são classificados como *Investimentos*. Um exemplo disso seria a aquisição de um imóvel adquirido sem a finalidade de utilizá-lo para a manutenção das atividades da empresa.

Imobilizado

A Lei n. 6.404/1976, art. 179, com a redação da Lei n. 11.638/2007, compreende os bens corpóreos (que são materiais, têm corpo físico) destinados à manutenção das atividades da companhia ou da empresa ou exercidos com essa finalidade. Vale lembrar que a referida lei, em consonância aos padrões internacionais de contabilidade, determina que os bens adquiridos sob a forma de arrendamento mercantil financeiro sejam registrados da mesma forma que os bens adquiridos por financiamentos, pois, na essência, essa operação representa de fato um financiamento para a aquisição do bem e não um aluguel.

Intangível

A Lei n. 6.404/1976, art. 179, com a redação da Lei n. 11.638/2007, determina como intangíveis os bens incorpóreos (que não têm corpo físico), como é o caso de marcas e patentes, e dispõe sobre eles com a finalidade de manutenção da atividade da companhia ou quando exercidos com essa finalidade.

2.5.1.3 Critérios de avaliação do Ativo

O art. 183 da Lei n. 6.404/1976 – alterada pela Lei n. 11.638/2007 e pela Medida Provisória 449, de 3 de dezembro de 2008 (Brasil, 2008), determina as formas de avaliação do Ativo:

> Art. 183. [...]
>
> I. as aplicações em instrumentos financeiros, inclusive derivativos, e em direitos e títulos de créditos, classificados no ativo circulante ou no realizável a longo prazo:
>
> a. Pelo valor justo, quando se tratar de aplicações destinadas à negociação ou disponíveis para a venda; e
>
> b. Pelo valor de custo de aquisição ou valor de emissão, atualizado conforme disposições legais ou contratuais, ajustado ao valor provável de realização, quando este for inferior, no caso das aplicações e os direitos e títulos de crédito, mantidas até o vencimento. (Brasil, 1976)

Isso significa que os novos critérios estabelecidos (IAS 32, IAS 39, IFRS 7, a Lei n. 11.638/1907 e a Medida Provisória n. 449/2008) para a classificação e a avaliação das aplicações em instrumentos financeiros, inclusive derivativos, serão avaliados quando destinados à negociação ou disponíveis para venda pelo seu **valor justo**; quando mantidas até o vencimento, pelo **custo de aquisição** corrigido conforme disposições legais ou contratuais ou pelo ajustado ao valor provável de realização – dos dois, o menor.

Sendo assim, podemos estabelecer uma classificação em três categorias:

- **Destinados à negociação** – Avaliação pelo valor justo (*fair value*).
- **Disponíveis para a venda** – Avaliação pelo valor justo (*fair value*).

- **Mantidos até o vencimento** – Avaliação pelo custo de aquisição.

O parágrafo 2º desse mesmo artigo dispõe sobre a redução do valor dos elementos dos Ativos Imobilizado e Intangível e determina o registro periódico nas contas de:

- **Depreciação** – Quando houver perda do valor do bem físico sujeito a desgaste ou perda de utilidade por uso, ação da natureza ou obsolescência.
- **Amortização** – Quando corresponder à perda do valor do capital aplicado na aquisição de direitos da propriedade industrial ou comercial e quaisquer outros com existência ou serviços de duração limitada ou cujo objeto sejam bens de utilização por prazo legal ou contratualmente limitado.
- **Exaustão** – Quando corresponder à perda do valor, decorrente da sua exploração, de direitos cujos objetos sejam recursos minerais ou florestais ou bens aplicados nessa exploração.

2.5.2 Passivo

A origem ou fonte dos recursos é representada pelas contas dispostas no grupo do Passivo, ou seja, os recursos que financiaram as aplicações da empresa. Em outras palavras, a geração dos fluxos de caixa futuros é realizada pelos recursos consumidos para esse fim, os quais explicam o Passivo da empresa.

Dessa forma, o Passivo é uma obrigação presente da entidade, derivada de eventos passados, cuja liquidação se espera que resulte na saída de recursos da entidade capazes de gerar benefícios econômicos futuros.

O art. 178 da Lei n. 6.404/76, com redação dada pela Medida Provisória n. 449/2008 (Brasil, 2008), parágrafo 2º, determina que o grupo do Passivo deve ser classificado em:

- Passivo Circulante;
- Passivo Não Circulante;
- Patrimônio Líquido (PL).

A soma entre as contas Passivo Circulante e Passivo não Circulante forma o que chamamos de *Exigível*; já a soma do Exigível com o PL forma o Total.

O Capital Próprio é representado pelas contas do Patrimônio Líquido, e o Capital de Terceiros é representado pelas contas do Exigível.

Dentro do Passivo, existem duas fontes de capitais, que são divididas entre Capital Próprio e Capital de Terceiros.

2.5.2.1 Passivo Circulante

São as contas que vencem até o final do ano seguinte do encerramento do BP; ou seja, se o BP for encerrado em 31 de dezembro de 2014, as contas que vencerão até dia 31 de dezembro de 2015 serão consideradas como Passivo Circulante. Essa classificação obedece aos mesmos critérios do Ativo.

Os registros das obrigações formalizadas e das não formalizadas devem ser feitos por meio das provisões por valores estimados, desde que esses valores sejam conhecidos ou mensuráveis. São exemplos de contas classificadas nesse grupo: Fornecedores, Contas a Pagar, Financiamentos a Pagar, Provisão para Férias, Tributos a Pagar etc.

2.5.2.2 Passivo não Circulante

O Passivo não Circulante compreende as contas com vencimentos que excedem ao ano subsequente do encerramento do balanço; ou seja, se o balanço for encerrado em 31 de dezembro de 2014 e a conta em questão vencer a partir de 2016, ela deve ser considerada como Longo Prazo (LP). O Passivo não Circulante se refere aos mesmo itens do Passivo Circulante, porém com observância a este prazo. Por exemplo, Fornecedores: LP; Financiamentos a Pagar: LP etc.

2.5.2.3 Patrimônio Líquido (PL)

O PL é a origem dos recursos próprios da empresa. Trata-se do valor contábil que, em consonância ao princípio contábil da teoria da entidade, pertence literalmente à empresa, ou seja, são os resultados apresentados ao final do período de todas as suas atividades, até que ocorra a distribuição dos dividendos.

Mas por que, no BP, o PL está inserido no lado das obrigações?

Ora, conforme já dissemos, seguindo o princípio da entidade, o recurso da empresa não deve ser confundido com o recurso dos proprietários ou acionistas, pois são coisas distintas. Assim, se o proprietário ou acionista desembolsou recursos para a formação da empresa, esta, como uma entidade distinta, tem uma "obrigação" para com seu proprietário, pois, sem o investimento dos proprietários ou acionista, a empresa simplesmente não existiria.

O Quadro 2.3 reflete a equação que define o PL e apresenta o BP, relacionando as contas que fazem parte do PL de forma estruturada, de acordo com a Lei n. 6.404/1976, incluída pela Lei n. 11.941/2009.

Quadro 2.3 – Disposição dos grupos das contas no Balanço Patrimonial

PATRIMÔNIO LÍQUIDO = BENS + DIREITOS – OBRIGAÇÕES	
BENS E DIREITOS	**OBRIGAÇÕES**
ATIVO CIRCULANTE	PASSIVO CIRCULANTE
ATIVO NÃO CIRCULANTE	PASSIVO NÃO CIRCULANTE
	PATRIMÔNIO LÍQUIDO Capital Social Reservas de Capital Ajuste de Avaliação Patrimonial Reservas de Lucros Ações em Tesouraria Prejuízos Acumulados

Fonte: Brasil, 1976; Brasil, 2009.

De acordo com a equação e a estrutura patrimonial apresentada, os resultados apurados no encerramento do BP são distribuídos nas diversas contas que representam o PL. Também observamos que a estrutura patrimonial é separada pelos elementos positivos (Ativos – bens e direitos) e pelos elementos negativos (Passivos – obrigações), lembrando a representação do razonete, que é em forma de "T" e serve para demonstrar o equilíbrio entre as contas positivas e as contas negativas – na contabilidade, segundo a regra, o total do Ativo deve ser igual ao total do Passivo.

Dentre as contas do PL, temos, segundo o art. 182 da Lei n. 6.404/1976, as seguintes classificações:

- **Capital Social**: É o valor da aplicação dos sócios ou acionistas. O grupo do PL demonstra todos os esforços financeiros feitos pelos sócios ou acionistas para a existência da entidade. O Capital Social é a quantificação desses esforços, ou seja, quanto cada sócio acionista investiu na empresa.
- **Reservas de Capital**: São os valores oriundos de operações adversas das atividades normais da empresa, ou seja, valores que não passam pelo resultado da entidade como receitas ou ganhos. Essa lei traz em seu parágrafo 1º a classificação de quais as operações são consideradas como Reservas de Capital.
- **Ajuste da Avaliação Patrimonial**: A contrapartida de ajuste a valor justo tanto dos elementos do Ativo quanto dos elementos do Passivo será registrada como Ajuste da Avaliação Patrimonial.
- **Reservas de Lucros**: É a conta que registra os lucros obtidos pela empresa e retidos para a proteção dos direitos tanto dos acionistas quanto dos credores da entidade.

- **Ações em Tesouraria**: Deve figurar no BP como dedução no PL que registrar a origem dos recursos aplicados em sua aquisição.
- **Prejuízos Acumulados**: O retorno financeiro de investimentos dos proprietários ou acionistas pode apresentar duas situações: Lucro (situação positiva) ou Prejuízo (situação negativa). Com a Lei n. 11.638/2007, foi extinta a apresentação de saldos a título de Lucros Acumulados no BP, ou seja, quando a apuração tiver um resultado positivo, ele aparecerá na Demonstração do Resultado do Exercício (DRE), cujos saldos verificados serão alocados nas contas das reversões das reservas de lucros e para as destinações dos Lucros de acordo com o item 42 da Deliberação da CVM n. 465, de 20 de fevereiro de 2008 (CVM, 2008b). Quando a apuração tiver um resultado negativo, figurará na conta de Prejuízos Acumulados no BP.

2.6 As contas de Resultados

As contas de Resultados, formadas pelas contas Receitas, Custos e Despesas, compõem a Demonstração do Resultado do Exercício (DRE). A ordem necessária de apresentação das contas de Resultados na DRE é Receitas, Custos e Despesas, segundo determinação do art. 187 da Lei n. 6.404/1976 (alterada pelas Leis n. 11.638/2007 e n. 11.941/2009), que norteia a classificação e o reconhecimento de receitas e despesas.

A formação do resultado é simplesmente a confrontação entre **as receitas menos os custos e as despesas**, o que pode gerar os resultados do quadro a seguir.

Quadro 2.4 – Demonstrativo das consequências dos resultados

RESULTADO POSITIVO		RESULTADO NEGATIVO	
Receitas	2.000,00	Receitas	2.000,00
(–) Custos	(500,00)	(–) Custos	(1.200,00)
(–) Despesas	(150,00)	(–) Despesas	(1.000,00)
= Lucro	350,00	= Prejuízo	(200,00)

RECEITA < CUSTOS + DESPESAS = RESULTADO NEGATIVO (PREJUÍZO)
RECEITA = CUSTOS + DESPESAS = RESULTADO NULO
RECEITA > CUSTOS + DESPESAS = RESULTADO POSITIVO (LUCRO)

Daí a importância de conhecermos um pouco sobre as receitas, os custos e as despesas.

2.6.1 Receitas

O Comitê de Pronunciamentos Contáveis (2015a) define *receita* da seguinte forma:

> Aumentos de benefícios econômicos durante o período contábil, sob a forma da entrada de recursos ou do aumento de ativos ou diminuição de passivos, que resultam em aumentos do patrimônio líquido, e que não estejam relacionados com a contribuição dos detentores dos instrumentos patrimoniais.

Com isso, entendemos que as receitas são ingressos de valores provenientes da venda de mercadorias e/ou serviços. As receitas recuperam as despesas, provocam um aumento no Ativo e, consequentemente, um aumento também no PL. Por indicarem as **origens de recursos**, as receitas são sempre creditadas e apresentam saldos credores.

Figura 2.4 – Razonetes em T

D	Caixa C
1.000,00	

D	Receita de serviços C
	1.000,00

Imagine, por exemplo, que uma empresa teve um recebimento no valor de R$ 1.000,00 por serviços prestados.

Ao creditar a receita desses serviços, essa ação reflete um aumento do PL, enquanto na conta Caixa reflete um aumento no Ativo. É claro que esses reflexos serão observados quando do encerramento das contas, por meio da apuração do DRE.

OBSERVAÇÃO

Não confundir *receita* com *recebimentos*. Um recebimento de uma duplicata não indica receita, pois a duplicada já foi reconhecida antes, quando da realização da venda a prazo. A receita é reconhecida no momento da ocorrência, independentemente de seu recebimento ou não.

Assim, lembre-se sempre de que a obtenção de uma receita provocará sempre um aumento no Patrimônio Líquido.

As entradas de valores na empresa somente serão consideradas como receitas se provocarem um **aumento** no Ativo ou uma **redução** no Passivo Exigível e, concomitantemente, se **aumentarem** o PL.

2.6.2 Custos

Os custos são sacrifícios financeiros para a obtenção de um determinado bem destinado à comercialização, ou quando o sacrifício ou desembolso relacionar-se à produção, à comercialização ou à prestação de serviço – ou seja, é um gasto para a colocação do produto no mercado.

A Lei n. 6.404/1976 menciona a discriminação da "receita líquida das vendas e serviços, o custo das mercadorias e serviços vendidos e o lucro bruto" (Brasil, 1976), razão por que há necessidade de discernir entre custos e despesas. São exemplos de custos: os impostos que não forem recuperáveis e os fretes e seguros sobre as compras.

Assim como a despesa, o custo também provoca uma diminuição no PL, mas a segregação de custo e de despesa é imprescindível para conhecermos o custo do bem e, assim, seja possível determinar diversas variáveis, como estoques, preço de venda do produto etc.

Em uma indústria, a apuração do custo torna-se um pouco mais complexa, necessitando de um sistema de contabilidade de custo, pois as entradas representam toda produção realizada no período. Assim, são alocadas as matérias-primas, os materiais indiretos, os gastos gerais de fabricação e a mão de obra direta.

2.6.3 Despesas

O Manual de Contabilidade Societária (Gelbcke et. al, 2013, p. 594) conceitua *despesas* do seguinte modo:

> As despesas operacionais constituem-se das despesas pagas ou incorridas para vender produtos e administrar a empresa e, dentro do conceito da Lei n. 6.404/76, abrangem também as despesas líquidas para financiar suas operações; os resultados líquidos das atividades acessórias da empresa são também considerados operacionais.

As despesas são os gastos para a manutenção das atividades da empresa, ou seja, trata-se de qualquer desembolso que provoca uma **redução** no Ativo ou **aumento** no Passivo e que, em qualquer um dos casos, **reduz** o PL. Por exemplo: salários, fretes, aluguéis, encargos sociais.

OBSERVAÇÃO

Não confundir *despesas* com *pagamentos*. Uma despesa pode ser consumida ou incorrida sem que tenha sido paga. A despesa é reconhecida no momento da ocorrência, independentemente de seu pagamento ou não. Assim, devemos ter em mente que uma despesa resultará sempre numa diminuição do Patrimônio Líquido.

A compra de mercadoria para revenda não é considerada despesa – uma vez que é uma conta transitória. No final do exercício, será apurado o Custo da Mercadoria Vendida (CMV). A compra da mercadoria fará parte da apuração desse resultado e as mercadorias que não foram vendidas ficarão na conta Estoques.

Uma despesa, quando consumida (incorrida) e paga, provoca uma **diminuição** do Ativo e, consequentemente, uma **diminuição** no PL. Por exemplo: o pagamento de uma despesa com aluguel do escritório. Como essa despesa foi paga, observe que houve uma **diminuição** no Ativo (Caixa) e, por conseguinte, uma **diminuição** no PL, que aparecerá quando houver a apuração da DRE.

Figura 2.5 – Razonetes em T

D	Caixa C
	1.000,00

D	Despesa com aluguéis C
1.000,00	

O art. 187 da Lei n. 6.404/1976 determina que a DRE discriminará despesas com vendas; as financeiras; as deduzidas das receitas; as gerais e administrativas; e as operacionais. O objetivo dessa operação é apurar o lucro ou o prejuízo operacional da empresa.

2.7 Plano de Contas

Para padronizar a disposição das contas utilizadas no desenvolvimento da contabilidade das empresas, é preciso utilizar um Plano de Contas, no qual estas são agrupadas de acordo com a estrutura do BP. Esse plano, que orienta o registro de todas as operações, não deve ser rígido e inflexível, pois deve permitir as modificações necessárias de acordo com as necessidades da empresa.

O agrupamento das contas deve ser feito em consonância com as determinações da Lei n. 6.404/1976, e a elaboração do Plano de Contas deve ser realizada de acordo com a atividade e o tamanho da empresa, de forma a utilizar somente as contas que serão necessárias ao seu manuseio.

No Quadro 2.5, você pode ver um modelo simplificado de um Plano de Contas.

Quadro 2.5 – Modelo simplificado de Plano de Contas

1. BALANÇO PATRIMONIAL – ATIVO	
1.1	ATIVO CIRCULANTE
1.1.01	Disponível
1.1.01.01	Caixa
1.1.01.02	Bancos com Movimento
1.1.01.03	Bancos com Aplicações Financeiras
1.1.01.04	Duplicatas a Receber
1.1.01.05	(–) Provisão para Devedores Duvidosos
1.1.01.06	Títulos a Receber
1.1.02	Estoques
1.2	ATIVO NÃO CIRCULANTE
1.2.01	Realizável a Longo Prazo
1.2.01.01	Empréstimos a Coligadas
1.2.01.02	Empréstimos a Controladas
1.2.02	Investimentos
1.2.02.01	Aplicações em Cias. Coligadas e Controladas
1.2.02.02	Imóveis para Renda
1.2.02.03	Terrenos
1.2.03	Imobilizado
1.2.03.01	Imóveis em uso
1.2.03.02	(–) Depreciação Acumulada de Imóveis em Uso

(continua)

1. BALANÇO PATRIMONIAL – ATIVO	
1.2.03.03	Veículos
1.2.03.04	(–) Depreciação Acumulada de Veículos
1.2.03.05	Móveis e Utensílios
1.2.03.06	(–) Depreciação Acumulada de Móveis e Utensílios
1.2.04	Intangível
1.2.04.01	Marcas e Patentes
1.2.04.02	(–) Amortização Acumulada
2. BALANÇO PATRIMONIAL – PASSIVO	
2.1	PASSIVO CIRCULANTE
2.1.01	Obrigações Diversas
2.1.01.01	Fornecedores
2.1.01.02	Títulos a Pagar
2.1.01.03	Empréstimos Bancários
2.1.01.04	Aluguéis a Pagar
2.1.01.05	Empréstimos Bancários a Pagar
2.1.01.06	(–) Juros a Transcorrer sobre Empréstimos Bancários
2.1.02	Obrigações Trabalhistas
2.2	PASSIVO NÃO CIRCULANTE
2.2.01	Obrigações a Longo Prazo
2.2.01.01	Empréstimos a Pagar
2.2.01.02	Financiamentos a Pagar
2.3	PATRIMÔNIO LÍQUIDO
2.3.01	Capital Social
2.3.01.01	Capital
2.3.01.02	(–) Capital a integralizar
2.3.02	Reservas de Capital
2.3.02.01	Ágio na Emissão de Ações
2.3.03	Ajuste de Avaliação Patrimonial
2.3.04	Reservas de Lucros
2.3.04.01	Reserva Legal
2.3.04.02	Reserva Estatutária
2.3.05	Ações em Tesouraria
2.3.06	Prejuízos Acumulados
3. PLANO DE CONTAS – PASSIVO CIRCULANTE	
3.1	RECEITA OPERACIONAL BRUTA
	3.1.1 Receita com Vendas de Mercadorias
	3.1.2 Receita com Prestação de Serviços
	(–) Deduções
3.2	3.2.1 (–) Imposto s/Produtos Industrializados
	3.2.2 (–) Imposto s/Circulação de Mercadorias
	3.2.3 (–) Imposto s/Serviços
	3.2.4 (–) Devoluções de Vendas
	3.2.5 (–) Abatimentos

(*Quadro 2.5 – conclusão*)

3. PLANO DE CONTAS – PASSIVO CIRCULANTE	
3.3	(–) Custos das vendas 3.3.1 (–) Custo das Mercadorias Vendidas 3.3.2 (–) Custo dos Serviços Prestados
3.4	(–) Despesas Operacionais 3.4.1 (–) Comissões sobre vendas 3.4.2 (–) Fretes e Carretos 3.4.3 (–) Propaganda e Publicidade
3.5	(–) Despesas Administrativas 3.5.1 (–) Salários 3.5.2 (–) INSS sobre salários 3.5.3 (–) FGTS sobre salários 3.5.4 (–) Aluguel 3.5.5 (–) Material de Expediente
3.6	(–) Despesas Tributárias 3.6.1 (–) IPTU 3.6.2 (–) IPVA
3.7	(–) Despesas Financeiras 3.7.1 (–) Juros Passivos 3.7.2 (–) Comissão Bancária 3.7.3 (+) Receitas Financeiras 3.7.4 (+) Juros Ativos
3.8	3.8.1 (–) Outras Despesas 3.8.2 (–) Perdas com Equivalência Patrimonial 3.8.3 (–) Provisão para o Imposto de Renda 3.8.4 (–) Provisão para o CSLL

Síntese

Para determinarmos o patrimônio de uma pessoa, basta verificarmos os bens e mensurá-los; porém, para determinarmos o PL, é preciso que saibamos sobre os fatos ocorridos durante um determinado período. Por isso, surge a necessidade de conhecermos a forma de contabilização de cada ato ou fato para extrairmos da contabilidade informações importantes tanto para o controle fiscal quanto para o controle patrimonial.

A contabilidade tem como seu objeto o patrimônio, que delimita o campo de abrangência das ciências sociais. O conjunto de bens, direitos e obrigações constitui o PL de uma entidade. Isso significa que, dentro dos limites estabelecidos pela ordem jurídica e sob o aspecto da racionalidade econômica e administrativa, há autonomia, ou seja, a entidade pode dispor dele livremente.

Estudar as contas pelo aspecto qualitativo do patrimônio é conhecer a natureza dos elementos que o compõem, por exemplo: os valores a receber, os valores a pagar, os estoques, as máquinas. Já o aspecto quantitativo é a expressão em valores dos bens, dos direitos e das obrigações. Portanto, a separação e a alocação das contas são de extrema importância para o levantamento do PL da empresa, pois cada conta que o compõe tem sua finalidade de acordo com a atividade do negócio.

Neste capítulo, apresentamos as contas inseridas na contabilidade, com a intenção de mostrar a você os diversos tipos de contas que a contabilidade utiliza no seu cotidiano – uma forma de familiarizá-lo com a prática contábil. Vimos também o agrupamento das contas dos grupos do BP, em consonância com as legislações vigentes, e quais são os reflexos dessas contas no BP. Essa matéria é extensa e inesgotável e, conforme já colocado, foi aqui redigida de forma resumida, mas permite o discernimento adequado dos conteúdos apresentados.

Perguntas & respostas

1. **Após o estudo deste capítulo, descreva uma das características do Plano de Contas.**

Uma das características que podem ser citadas é a flexibilidade, pois o Plano de Contas tem de ser elaborado para permitir que sejam feitas alterações, tantas quantas forem necessárias, para adequação das contas específicas de uma empresa.

2. **Descreva o sistema de contas da contabilidade.**

O sistema de contas é dividido em: contas Patrimoniais e contas de Resultados. A primeira são as contas apresentadas no Balanço Patrimonial, os saldos remanescentes após o encerramento do balanço, os quais passarão como saldo inicial do exercício seguinte. A segunda são as contas que indicam o resultado do período, ou seja, as contas de receitas e despesas que refletem em alterações do Patrimônio Líquido (PL). As receitas aumentam e as despesas diminuem o PL.

Consultando a legislação

A contabilidade é regida por uma vasta legislação que engloba a área financeira, a área contábil e a área fiscal. Hoje em dia, é pertinente também a adequação às Normas Internacionais da contabilidade. Neste capítulo, utilizamos basicamente a Lei n. 6.404/1976, alterada pela Lei n. 11.638/2007, pela Lei n. 11.941/2009 e pela recente Lei n. 12.973/2014, que norteia todos os mecanismos contábeis para que a contabilidade atinja seus objetivos.

Vale salientar que essas leis estão referenciadas ao final da obra e que você pode consultá-las a fim de aprimorar os seus conhecimentos.

Questões para revisão

1. Para a classificação e a avaliação das aplicações em instrumentos financeiros, os novos critérios são estabelecidos pela IAS 32, IAS 39, IFRS 7, Lei n. 11.638/2007 e MP n. 449/2008. A respeito desse assunto, descreva a classificação e a forma de avaliação dos Ativos.
2. Diferencie *custos* e *despesas*.

3. O Ativo divide-se em Circulante e não Circulante. Enumere a segunda coluna de acordo com a primeira, nas proposições a seguir, e assinale a alternativa que indica a sequência correta:

(C) Ativo circulante
(N) Ativo não circulante

( ) Realizável a Longo Prazo
( ) Créditos a Recuperar
( ) Estoque
( ) Intangível
( ) Imobilizado

a) C, N, C, N, C.
b) N, C, C, N, N.
c) C, N, N, C, C.
d) N, C, C, C, N.

4. O Passivo, de acordo com a Lei n. 6.404/1976, regulamenta as divisões do Balanço Patrimonial e é classificado como: Passivo Circulante, Passivo não Circulante e Patrimônio Líquido. Enumere a segunda coluna de acordo com a primeira, nas proposições a seguir, e assinale a alternativa que indica a sequência correta:

(C) Passivo circulante
(N) Passivo não circulante
(L) Patrimônio líquido

( ) Financiamentos a Longo Prazo
( ) Prejuízos Acumulados
( ) Obrigações Tributárias
( ) Ajustes de Avaliação Patrimonial
( ) Obrigações Trabalhistas

a) C, L, L, N, C.
b) N, C, C, L, C.
c) C, L, L, N, C.
d) N, L, C, L, C.

5. Ativo é o conjunto dos elementos positivos do patrimônio e representa todos os bens e direitos de uma entidade expressos em moedas. Assinale V (Verdadeira) e F (Falsa) nas proposições a seguir e, depois, marque a sequência correta:
   ( ) Os intangíveis representam valores oriundos de bens físicos destinados à venda ou ao consumo da empresa.
   ( ) Valores a receber de curto prazo representam valores provenientes de pagamentos que excedem aos valores devidos e que serão recuperados no exercício seguinte.
   ( ) Os bens adquiridos sob a forma de arrendamento mercantil financeiro são registrados da mesma forma que os adquiridos por financiamentos.
   ( ) O Ativo Circulante é o grupo de contas composto por aquelas que representam bens e direitos, que, por sua vez, possuem movimentação lenta ou ainda não serão movimentadas.
   a) F, F, V, F.
   b) V, F, V, V.
   c) V, V, F, V.
   d) F, V, V, V.

Questões para reflexão

1. Descreva, de forma sucinta, a característica da escrituração contábil.

2. O que se entende por *despesa*?

3. Faça uma síntese das características do patrimônio.

4. A empresa Fictícia Ltda. efetuou um débito no total de R$ 500,00 em uma conta de Ativo. Simultaneamente, registrou um crédito de igual montante em uma conta do Patrimônio Líquido. Analisando essa transação, quais são as contas envolvidas?

5. A empresa Simulada Ltda. tem registrado, na conta Lucros Acumulados, o montante de R$ 20.000,00. Na conta Capital Social, há um valor de R$ 200.000,00. Em 3 de janeiro de 2015, foi decidido um aumento da conta Capital Social, mediante a utilização do total contabilizado na conta Lucros Acumulados. Com base nisso, qual é a alteração sofrida na conta do Patrimônio Líquido?

Saiba mais

Ávila, C. A. de. **Gestão contábil para contadores e não contadores.** 2. ed. Curitiba: Ibpex, 2011.

Favero, H. L. et al. **Contabilidade**: teoria e prática. São Paulo: Atlas, 2007.

Seleme, L. D. B. **Finanças sem complicações.** Curitiba: Ibpex, 2012.

As referências aqui indicadas ajudarão você a complementar seus conhecimentos, além de esclarecer algumas dúvidas que possam ter surgido ao longo deste estudo. São obras de cunho didático que contêm exercícios práticos e explicação de fácil entendimento, com uma abordagem aprofundada sobre o conteúdo desenvolvido neste capítulo.

3

Procedimentos contábeis básicos e tributação

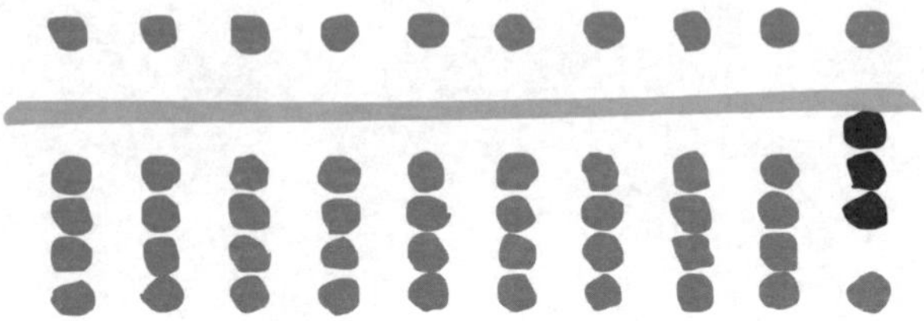

Conteúdos do capítulo

- Escrituração contábil.
- Livros contábeis, fiscais e sociais.
- Regimes de escrituração contábil.
- Lançamentos contábeis.
- Operações com mercadorias.
- A tributação das empresas.
- Noções básicas de folha de pagamento e encargos.

Após o estudo desse capítulo, você será capaz de:

1. compreender o processo e os regimes da escrituração contábil;
2. identificar os principais livros contábeis: fiscais e sociais;
3. entender os lançamentos contábeis, as operações com mercadorias e o tipos de tributações inerentes à empresa;
4. compreender as noções básicas de elaboração da folha de pagamento e seus respectivos encargos.

As formas de tributação das empresas às vezes são confusas para alguns empresários, que desconhecem as reais diferenças entre cada uma delas, tornando difícil a decisão de qual seria a melhor forma, uma vez que isso implicará para a empresa pagar mais ou menos impostos.

Na maioria das vezes, essa decisão fica a cargo do contador, que deve ser minucioso na escolha, pois um equívoco pode acarretar um aumento na carga tributária para todo o ano calendário, visto que não é permitido fazer mudanças no mesmo exercício.

3.1 Escrituração contábil

A escrita de livros comerciais é o que chamamos de *escrituração contábil*, uma técnica utilizada para o registro dos fatos que, em consonância com a legislação vigente e específica, busca mostrar, de forma transparente e fidedigna, a informação contábil.

O art. 177 da Lei n. 6.404, de 15 de dezembro de 1976, determina que:

> A escrituração da companhia será mantida em registros permanentes, com obediência aos preceitos da legislação comercial e desta Lei e aos princípios de contabilidade geralmente aceitos, devendo observar métodos ou critérios contábeis uniformes no tempo e registrar as mutações patrimoniais segundo o regime de competência. (Brasil, 1976)

É importante observar que a escrituração contábil apresenta dois elementos importantes: o **elemento histórico**, que é o registro dos relatos da história do patrimônio ao longo do tempo, e o **elemento monetário**, que é o registro dos valores reunidos tecnicamente com o intuito de demonstrar as variações que afetam o patrimônio.

O método de registro, ou escrituração dos fatos contábeis, foi apresentado pelo frei Luca Pacioli, em 1494. Desde então, passou a ser mundialmente conhecido como o ***método das partidas dobradas***.

O princípio fundamental desse método é que, para todo débito, existe um crédito de igual valor e vice-versa. Isso significa que **não existe débito sem seu respectivo crédito**. Assim, podemos concluir que:

- a soma dos valores debitados será igual à soma dos valores creditados;
- a soma dos saldos devedores será igual à soma dos saldos credores;
- a soma das aplicações (Débitos) será igual à soma das origens (Crédito);

- a apresentação do débito e do crédito no razonete é feita em forma de "T", que lembra uma "balança", ou seja, ele "mostra" o equilíbrio entre as duas contas.

Atualmente, por conta do avanço da tecnologia, o processo de escrituração contábil é feito por meio eletrônico, mas isso não descarta a obrigatoriedade de manter impressa toda a escrituração, que é feita por meio de livros, os quais são classificados em grupos distintos: os livros contábeis, os fiscais e os sociais.

3.1.1 Livros contábeis, fiscais e sociais

Conforme preceitua o art. 177, parágrafo 2º, da Lei n. 6.404/1976:

> § 2º A companhia observará exclusivamente em livros ou registros auxiliares, sem qualquer modificação da escrituração mercantil e das demonstrações reguladas nesta lei, as disposições da lei tributária, ou de legislação especial sobre a atividade que constitui seu objeto, que prescrevam, conduzam ou incentivem a utilização de métodos ou critérios contábeis diferentes ou determinem registros, lançamentos ou ajustes ou a elaboração de outras demonstrações financeiras. (Brasil, 1976)

Os livros contábeis são utilizados na escrituração contábil dos atos e fatos que acontecem na empresa. Os livros fiscais são aqueles exigidos pelo fisco federal, estadual e municipal; por fim, os livros sociais são aqueles exigidos pela Lei das Sociedades por Ações, Lei n. 6.404/1976.

3.1.1.1 Livros contábeis

Nos livros contábeis são registrados todos os fatos administrativos que provocam alterações ou variações no patrimônio das empresas. A rigidez das formalidades desses livros é necessária para manter a padronização, pois eles são os comprovantes de transparência, fidedignidade e veracidade de toda a história da empresa.

Os livros contábeis obrigatórios são:

- Livro Diário;
- Livro Razão.

Os livros contábeis auxiliares são:

- Livro Auxiliar de Contas Correntes;
- Livro Caixa.

3.1.1.2 Livros fiscais

Nos livros fiscais, a escrituração tem como finalidade o atendimento à fiscalização dos órgãos federais, estaduais e municipais. Os fatos administrativos que ocorrem durante o exercício, além de serem registrados nos livros fiscais, também devem estar escriturados nos livros contábeis, pois isso facilita o processo de fiscalização das três esferas de governo.

Os livros fiscais são:

- Livro de Entrada e Livro de Saída de mercadorias;
- Livro de Prestação de Serviços;
- Livro de Apuração do Imposto sobre Circulação de Mercadorias e Serviços (ICMS);
- Livro de Apuração do Imposto sobre Produtos Industrializados (IPI);
- Livro de Apuração do Lucro Real (Lalur).

3.1.1.3 Livros sociais

Os livros sociais têm a finalidade de registrar os atos administrativos e são específicos para alguns tipos de sociedades, mais especificadamente as Sociedades Anônimas (S.A.).

Os livros sociais mais importantes são:

- Livro Registro de Ata de Reuniões de Assembleia Geral;
- Livro Registro de Ata de Reuniões de Conselho Fiscal.

3.2 Regimes de escrituração contábil

No processo contábil, trabalhamos com regimes de escrituração, quais sejam: regime de caixa, regime de competência e regime misto.

O regime de escrituração contábil está regulamentado pelo art. 177 da Lei n. 6.404/1976 e pelo Regulamento do Imposto de Renda (RIR/1999), o Decreto n. 3.000, de 26 de março de 1999, arts. 273 e 274, que determina o regime de competência (Brasil/1999).

A legislação do IR, apesar de determinar o regime de competência, no seu art. 273, subentende que as receitas devem sempre ser contabilizadas pelo regime de competência e que os custos e as despesas podem ser contabilizados pelo regime de caixa. Mas a contabilidade deve obedecer aos princípios contábeis, determinados no art. 9º da Resolução CFC n. 750, de 29 de dezembro de 1993 (CFC, 1993), com redação dada pela Resolução CFC n. 1.282, de 28 de maio de 2010, que preceitua:

> Art. 9º O Princípio da Competência determina que os efeitos das transações e outros eventos sejam reconhecidos nos períodos a que se referem, independentemente do recebimento ou pagamento. Parágrafo Único: O Princípio da Competência pressupõe simultaneamente da confrontação de receitas e despesas correlatas. (CFC, 2010)

3.2.1 Regime de competência

Seguindo os preceitos do princípio contábil da competência, as receitas e as despesas devem ser incluídas na apuração do resultado do período em que efetivamente ocorreram sempre que simultaneamente se correlacionarem, independentemente de recebimentos e pagamentos. Isso significa que o regime de competência considera o momento da realização do fato, e não o momento do recebimento ou pagamento que gerou o fato.

Vamos analisar um exemplo a seguir.

NO CASO DE UMA DESPESA

Ao contratar seguros, caso seja contraído a prazo, o reconhecimento da despesa total deve ser feito na data do contrato, independentemente da data de vencimento das parcelas. A contabilização implica um débito na conta Despesa e um crédito no Passivo Exigível (Circulante ou não Circulante, nesse caso, dependendo dos prazos de vencimentos).

NO CASO DE UMA RECEITA

No caso de venda de mercadoria ou serviço a prazo, o regime de competência também exige o reconhecimento na data da emissão da nota fiscal, independentemente da data do seu pagamento. Isso implica um débito na conta do Ativo (Circulante ou não Circulante, dependendo dos prazos de seus vencimentos) e um crédito na conta Receita.

O regime de competência é universalmente aceito e praticado pela contabilidade e pela legislação do IR, por apresentar a evidenciação do Lucro ou Prejuízo da empresa, visto de forma completa e adequada.

3.2.2 Regime de caixa

Ao contrário do que acontece no regime de competência, no regime de caixa o reconhecimento de despesas e receitas é realizado somente na data do seu pagamento. Essa prática é permitida para as entidades sem fins lucrativos, como entidades filantrópicas, igrejas, condomínios etc.

Um dos aspectos negativos considerados nesse regime é a falta de previsão do futuro, pois, quando a despesa e a receita são reconhecidas somente no seu pagamento, não há a evidenciação dos direitos ou das obrigações futuras nas Demonstrações Contábeis.

3.2.3 Regime misto

O regime misto era aplicado na contabilidade pública – conforme determina a Lei n. 4.320, de 17 de março de 1964 (Brasil, 1964) –, cuja prática era de regime de caixa para as receitas e regime de competência para as despesas. No entanto, essa prática foi mudada por meio das Normas Brasileiras de Contabilidade Aplicadas ao Setor Público (NBCASP), passando também para o regime de competência tanto para as receitas quanto para as despesas.

Para entender melhor esses processos, veja no exemplo a seguir o comportamento da contabilização pelo regime de competência, pelo regime de caixa e pelo regime misto.

Exercício resolvido

1. Considere que a Empresa Fictícia Ltda. apresentou os seguintes fatos contábeis:
   - Uma despesa de R$ 10.000,00, sendo que 70% do pagamento foi realizado à vista e 30% a prazo.
   - Uma receita de R$ 50.000.00, sendo que 10% do recebimento aconteceu à vista e 90% a prazo.

   Agora, demonstre a apuração do resultado pelo regime de competência, regime de caixa e regime misto (regime de caixa para a receita e de competência para a despesa).

   Resolução

   Tabela 3.1 – Resolução do exercício

APURAÇÃO DO RESULTADO			
REGIMES DE COMPETÊNCIA		CAIXA	MISTO
Receita	50.000,00	5.000,00	5.000,00
(–) Despesa	10.000,00	7.000,00	10.000,00
= Resultado	40.000,00	(2.000)	
			(5.000,00)

Observe a diferença apurada: o regime de competência apresenta um resultado positivo, ou seja, um lucro; já os outros dois regimes apresentam resultados negativos (prejuízos). Sob o nosso ponto de vista, o regime de caixa é um instrumento gerencial utilizado no relatório de fluxo de caixa, mas que não constitui uma forma de reconhecimento contábil.

3.3 Lançamentos contábeis

Os lançamentos contábeis também são formas necessárias de escrituração contábil. Esses lançamentos devem estar em consonância com as escriturações feitas nos livros contábeis. *Grosso modo*, diríamos que os valores e informações registradas devem "bater", ou seja, devem coincidir.

Conceitualmente, o lançamento contábil é o registro dos fatos contábeis. É por meio dos lançamentos contábeis que podem ser levantadas as apurações do resultado da empresa e, assim, proceder à elaboração dos diversos relatórios contábeis, tanto os exigidos legalmente quanto aqueles que servirão de ferramenta básica de informação para a tomada de decisão no processo gerencial. Sendo assim, podemos dizer que **o lançamento contábil é o início de toda a contabilidade** e que o razonete é uma forma didática de apresentação dos lançamentos contábeis.

Os lançamentos contábeis obedecem ao método das partidas dobradas, que pode apresentar quatro fórmulas:

- **1ª fórmula**: Uma conta devedora e uma conta credora.
- **2ª fórmula**: Uma conta devedora e duas ou mais contas credoras.
- **3ª fórmula**: Duas ou mais contas devedoras para uma conta credora.

- **4ª fórmula**: Duas ou mais contas devedoras para duas ou mais contas credoras.

Veja na Figura 3.1 como é a dinâmica do lançamento contábil, apresentado por Marion (2009, p. 161):

> O método das Partidas Dobradas já fez 500 anos de idade após sua oficialização. Nos últimos 50 anos observamos as maiores descobertas e invenções do mundo, entretanto, nada ainda substituiu na contabilidade este método. Na verdade, este método é tão perfeito que nunca sofreu qualquer ameaça de substituição.

Figura 3.1 – Mecanismo de débito e crédito

Crédito: Adriano Pinheiro

Fonte: Adaptado de Marion, 2009, p. 161.

No caso apresentado na Figura 3.1, temos um lançamento de primeira fórmula: uma conta devedora e uma conta credora. Analisando a ilustração, podemos observar que o valor indicado na conta Bancos com Movimento (Ativo) diminuiu e que o valor da conta Máquinas (Ativo) aumentou. Assim, podemos dizer que houve um fato contábil permutativo, ou seja, houve apenas uma troca de contas ativas – fato que não altera o Patrimônio Líquido (PL) da empresa.

3.3.1 Fatos contábeis

São denominados *fatos contábeis* ou *fatos administrativos* todos os acontecimentos na empresa que resultam em variação ou alteração de patrimônio. Esses fatos são classificados em:

- Fatos permutativos ou compensativos.
- Fatos modificativos aumentativos e fatos modificativos diminutivos.
- Fatos mistos.

3.3.1.1 Fatos permutativos ou compensativos

Esses fatos não produzem alteração na situação líquida da empresa, ou seja, não afetam o seu PL. Os lançamentos sempre são realizados entre as contas do Ativo e do Passivo, excluindo as contas do PL e as contas de Resultados.

Conforme vimos, na Figura 3.1 há a representação de um fato permutativo, pois houve apenas trocas (ou permutas) das contas do Ativo, sem que houvesse variação do valor total do patrimônio. Esse fato pode ocorrer também envolvendo uma conta do Ativo e uma conta do Passivo Exigível, caso em que há alteração do patrimônio, mas não do PL.

IMPORTANTE

Veja bem, não podemos confundir ***patrimônio*** com ***Patrimônio Líquido***.

Patrimônio é o conjunto de bens, de direitos e obrigações; já o *Patrimônio Líquido* é formado pela diferença entre os Ativos (bens e direitos) menos o Passivo e Exigível (obrigações). Por isso, dissemos, quanto ao exemplo, que há alteração do patrimônio, mas não do Patrimônio Líquido.

Por exemplo, quando ocorre o pagamento de uma conta Fornecedores e este é lançado no Passivo Exigível, temos de registrar o pagamento fazendo o registro na conta Fornecedores. Para entender melhor isso, observe o lançamento demonstrado por meio do razonete na Figura 3.2.

Figura 3.2 – Razonetes em T

	D	Caixa	C
	5.000,00		700,00
Saldo	4.300,00		

	D	Fornecedores	C
	700,00		2.000,00
Saldo			1.300,00

Conforme está indicado na Figura 3.2, a conta Caixa está com um saldo devedor de R$ 5.000.00 e a conta Fornecedores com um saldo credor de R$ 2.000,00. Podemos também ver nessa ilustração que foi efetuado um pagamento de R$ 700,00. Observe que temos uma conta de Ativo (bens) e uma conta do Passivo (obrigações). Isso altera o patrimônio?

Sim, porque diminui o Ativo (bem), mas também diminui o Passivo (obrigação). Isso diminuirá as duas contas; logo, o Ativo será menor e o Passivo também será menor. Com isso, houve uma alteração do patrimônio, mas não do PL, por isso não podemos confundir esses dois termos. ***Patrimônio*** **são os bens.** ***Patrimônio Líquido*** **é a diferença entre os bens e os direitos menos as obrigações.**

O fato permutativo também só pode ocorrer entre contas do Passivo. Por exemplo, vamos supor que a empresa possui um empréstimo a longo prazo (Passivo não Circulante) de R$ 200.000,00 e percebe que uma parte da conta, R$ 100.000,00, é considerada curto prazo; com isso, faz o lançamento de correção. Veja como ficam os lançamentos no razonete:

Figura 3.3 – Razonetes em T

D	Financimento A L.P.	C
	100.000,00	200.000,00
Saldo		100.000,00

D	Financiamento A C.P.	C
		100.000,00
Saldo		100.000,00

No caso apresentado na Figura 3.3, houve apenas uma troca ou permuta entre duas contas do Passivo. Houve com isso alteração no patrimônio? Não, porque com esse lançamento os totais do Ativo e do Passivo continuam inalterados. Além disso, não houve alteração no patrimônio nem no PL.

3.3.1.2 Fatos modificativos aumentativos e diminutivos

Os fatos modificativos são aqueles que alteram o PL da empresa. Esses fatos podem ser aumentativos, quando ocorrem por meio de uma receita (aumentam o PL), ou diminutivos, quando ocorrem por meio de uma despesa (diminuem o PL).

IMPORTANTE

- O **fato modificativo aumentativo** ocorre sempre com o lançamento de uma **receita.**
- O **fato modificativo diminutivo** ocorre sempre com o lançamento de uma **despesa.**

Um fato modificativo aumentativo ocorre por meio de lançamentos de receitas, tais como: receita de vendas ou de serviços, recebimento de juros, lucro na alienação de bens etc.

Um fato modificativo diminutivo ocorre por meio de lançamentos de despesas, tais como: despesa de aluguel, despesas com ordenados e salários, despesas de encargos sociais etc.

O fato modificativo pode ocorrer também por meio de um lançamento que envolva apenas as contas Patrimoniais, contanto que uma delas faça parte das contas do PL; no entanto, normalmente acontece entre uma conta Patrimonial e uma conta Resultado.

O lançamento de uma despesa provoca saída de valores, diminuição do Ativo, se o fato for à vista, ou um aumento no Passivo (com entrada de uma obrigação), se o fato for a prazo. O lançamento de uma receita provoca entrada de valores, aumento do Ativo bens ou aumento do Ativo direitos.

Exercícios resolvidos

2. Suponhamos que a Empresa Fictícia Ltda. teve a seguinte operação em 31/12/X_0:
   - Vendas de mercadorias no valor de R$ 20.000,00, sendo 50% à vista e 50% a prazo (desconsiderando os tributos, que veremos mais adiante).
   - O saldo do caixa é de R$ 2.000,00.
   - O saldo da conta Capital Social é de R$ 2.000,00.

   Com base apenas nesses fatos apresentados, faça o esboço dos razonetes e do Balanço Patrimonial (BP).

Resolução

Figura 3.4 – Razonetes em T

D Caixa	C
2.000,00 10.000,00	
12.000,00	

D Duplicatas a rec.	C
10.000,00	
10.000,00	

D Receitas de vendas	C
	20.000,00
	20.000,00

Observe que as contas debitadas são as Patrimoniais e uma conta de Resultado, ou seja, se a empresa apresentasse somente esse fato, o BP da empresa seria como vemos a seguir:

Tabela 3.2 – Balanço Patrimonial

ATIVO		PASSIVO	
ATIVO CIRCULANTE		**PASSIVO CIRCULANTE**	
Caixa	R$ 12.000,00	**PASSIVO NÃO CIRCULANTE**	
Duplicatas a Receber	R$ 10.000,00	**PATRIMÔNIO LÍQUIDO**	
ATIVO NÃO CIRCULANTE		Capital Social	R$ 2.000,00
		Reserva de Lucros	R$ 20.000,00
TOTAL DO ATIVO	R$ 22.000,00	TOTAL DO PASSIVO	R$ 22.000,00

Observe que, se houvesse apenas esses fatos, toda a receita de vendas seria considerada lucro, pois não houve nenhuma despesa ou custo. É claro que esse é um caso hipotético, apenas para demonstrar a dinâmica dos lançamentos contábeis, o efeito **aumentativo** do PL e como a receita provoca esse aumento.

3. Suponhamos que a Empresa Beta Ltda. teve a seguinte operação em 31/12/X_0:
   - Efetuou despesas de honorários contábeis para a constituição da empresa, no valor de R$ 700,00, sendo R$ 500,00 à vista, e assinou uma nota promissória com vencimento em 30 dias no valor de R$ 200,00.
   - O saldo do caixa é de R$ 2.000,00.
   - O saldo da conta Capital Social é de R$ 2.000,00.

Faça o esboço dos razonetes e do BP apenas com os fatos apresentados.

Resolução

Figura 3.5 – Razonetes em T

D Caixa	C	D Honorários a pg.	C	D Desp. honorários	C
2.000,00	500,00		200,00	700,00	
1.500,00			200,00	700,00	

Essa situação é inversa à apresentada no exercício anterior, pois representa a contabilização da Despesa, cujo efeito no BP é diminutivo, pois diminui o PL. Há duas contas creditadas: uma diminui o Ativo (bens) e a outra aumenta a despesa. Como a despesa não foi totalmente paga, efetua-se o lançamento do pagamento, no valor de R$ 500,00, e a diferença é lançada no Passivo (obrigações), no valor de R$ 200,00, equilibrando dessa forma o BP.

A Tabela 3.3 mostra como ficaria o BP da empresa se houvesse apenas esses dados para o fechamento.

Tabela 3.3 – Balanço Patrimonial

ATIVO		PASSIVO	
ATIVO CIRCULANTE		**PASSIVO CIRCULANTE**	
Caixa	R$ 1.500,00	Honorários a Pagar	R$ 200,00
ATIVO NÃO CIRCULANTE		**PASSIVO NÃO CIRCULANTE**	
		PATRIMÔNIO LÍQUIDO	
		Capital Social	R$ 2.000,00
		Prejuízo Acumulado	R$ (700,00)
TOTAL DO ATIVO	R$ 1.500,00	TOTAL DO PASSIVO	R$ 1.500,00

Esse caso que apresentamos também é uma situação hipotética, criada com o objetivo de demonstrar o efeito da despesa dentro do BP, após o seu encerramento. Tanto neste exercício quanto no anterior, houve modificação no patrimônio e também no PL, por isso esses fatos são chamados de *modificados*.

3.3.1.3 Fatos contábeis mistos

Os fatos contábeis mistos envolvem, no mínimo, três contas, sendo duas contas Patrimoniais e uma de Resultado.

Ao utilizarmos o fato contábil permutativo e o fato contábil modificativo (aumentativo ou diminutivo) juntos, estaremos praticando fato contábil misto, o que pode ocorrer em algumas situações.

4. Suponhamos que a Empresa Beta Ltda. teve a seguinte operação em 31/12/X_0:

- Efetuou o pagamento em dinheiro de uma duplicata no valor de R$ 200,00. Como esta foi paga em atraso, gerou um acréscimo de R$ 20,00.
- O saldo do caixa é de R$ 2.000,00.
- O saldo da conta Capital Social é de R$ 2.000,00.

Apenas com base nesses fatos apresentados, faça o esboço dos razonetes e do Balanço Patrimonial (BP).

Resposta:

Nos razonetes apresentados na Figura 3.6, podemos observar o registro dos fatos ocorridos após seus devidos lançamentos contábeis.

Figura 3.6 – Razonetes em T

D Caixa	C	D Duplicatas a pg.	C	D Desp. financeiras	C
2.000,00	200,00 20,00	200,00	200,00	20,00	
1.780,00			0,00	20,00	

O caso apresentado na Figura 3.6 é um exemplo de fato contábil misto. Observe que temos duas contas do BP. Quando efetuamos o lançamento do pagamento das duplicatas, temos um fato permutativo. Esse lançamento altera o patrimônio, mas não o PL; porém, como houve pagamento de uma despesa financeira, temos também um fato modificativo diminutivo (diminui o PL). Logo, a junção dos dois fatos forma o fato misto.

Tabela 3.4 – Balanço Patrimonial

ATIVO		PASSIVO	
ATIVO CIRCULANTE		**PASSIVO CIRCULANTE**	
Caixa	R$ 1.780,00	Duplicatas a Pagar	R$ 0,00
ATIVO NÃO CIRCULANTE		**PASSIVO NÃO CIRCULANTE**	
		PATRIMÔNIO LÍQUIDO	
		Capital Social	R$ 2.000,00
		Prejuízo Acumulado	R$ (220,00)
TOTAL DO ATIVO	R$ 1.780,00	TOTAL DO PASSIVO	R$ 1.780,00

Gostaríamos de ressaltar que as informações contábeis trabalhadas nesta obra provêm de uma situação hipotética, com o objetivo de demonstrar o efeito dos lançamentos contábeis sob o aspecto de: fato permutativo + fato modificativo diminutivo = fato misto.

3.4 Operações com mercadorias

O controle da conta de mercadoria é de extrema importância numa empresa, pois um resultado satisfatório depende do controle eficiente de estoques, de custo e de toda operação. Devemos ter em mente que o custo determinará a variável mais importante da operação, que é o preço de venda da mercadoria.

As operações com mercadoria envolvem tanto as contas Patrimoniais como as contas de Resultados e englobam também os tributos incidentes sobre as compras e sobre as vendas das mercadorias.

Na Figura 3.7, podemos observar esquematicamente a conta Mercadorias, na qual as compras e as vendas determinam os estoques, levando sempre em consideração o estoque inicial para determinar o estoque final.

Figura 3.7 – Esquema da conta Mercadorias

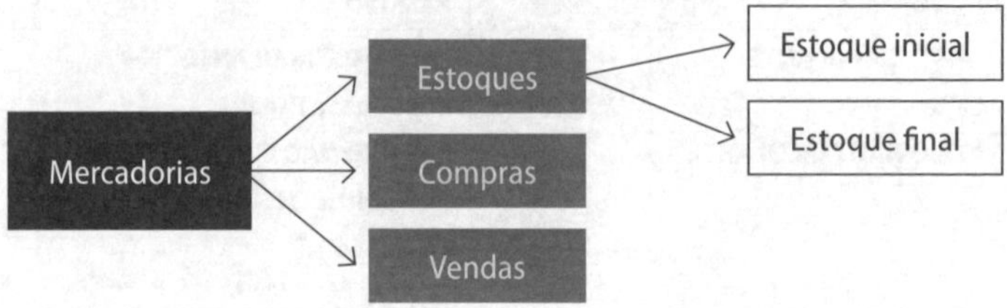

Conforme a Figura 3.7, o estoque inicial representa os valores das mercadorias existentes no primeiro dia do período, enquanto o estoque final representa os valores das mercadorias existentes no último dia do exercício. As compras representam o total de mercadorias destinadas à comercialização ou à industrialização, dependendo da atividade da empresa, e as vendas representam o montante das receitas geradas no período, independentemente de serem à vista ou a prazo.

3.4.1 Custo da mercadoria vendida (CMV)

O custo de mercadoria vendida (CMV) corresponde ao valor apurado de quanto custou a mercadoria vendida. Já comentamos anteriormente a diferença entre custos e despesas, pois não podemos confundi-los. Custos são os valores que integram a compra de mercadorias para a comercialização ou a industrialização e significam sacrifício financeiro para a obtenção de um bem destinado à comercialização. Todo custo também é um gasto. As despesas são os gastos para a manutenção das atividades da empresa.

3.4.1.1 Como determinar as compras líquidas

O CMV corresponde ao valor que será atribuído às mercadorias que foram vendidas no período para que assim seja possível a apuração do resultado do exercício.

CMV = ESTOQUE INICIAL + COMPRAS – ESTOQUE FINAL

Para a determinação do CMV, utilizamos o valor das compras líquidas. O Quadro 3.1 mostra como esse valor é encontrado.

Quadro 3.1 – Determinação das compras líquidas

Compras Brutas
(–) Impostos sobre compras
(–) Descontos ou abatimentos sobre compras
(–) Devoluções ou cancelamentos de compras
(+) Fretes e seguros sobre compras
(=) Compras líquidas

Os impostos sobre as compras referem-se ao imposto que é recuperável – Imposto sobre Circulação de Mercadorias (ICMS), o qual é de caráter estadual, ou seja, cuja alíquota é determinada pelo governo estadual, razão por que as alíquotas são diferentes de estado para estado. Como esse é um imposto recuperável, deve ser excluído do valor das mercadorias adquiridas para revenda, assim como na aquisição de matérias-primas adquiridas para a industrialização.

Exercício resolvido

5. Suponhamos que, num determinado exercício, a Empresa Fictícia Ltda. apresentava em seus relatórios um estoque de R$ 2.700,00 e comprou mercadorias no valor de R$ 12.000,00, com incidência de ICMS (alíquota de 17%). No final do período, a empresa apresentou um estoque no valor de R$ 5.560,00. Com essas operações, qual foi o valor do CMV apurado no período?

Resolução

Para encontrar o CMV, primeiro temos de determinar o valor das compras líquidas. Veja a Tabela 3.5:

Tabela 3.5 – Determinação das compras líquidas

Compras Brutas	R$ 12.000,00
(–) Impostos sobre compras	R$ 2.040,00
(=) Compras Líquidas	R$ 9.960,00

Em seguida, substituímos os valores na fórmula CMV = EI + C – EI, conforme você pode conferir a seguir:

CMV = EI + C – EI

CMV = 2.700,00 + 9.960,00 – 5.560,00

CMV = 7.100,00

Assim, podemos observar que, para determinarmos o custo da mercadoria vendida, é necessário determinar corretamente as compras líquidas.

3.4.1.2 A contabilização da operação da compra e o ICMS

Ainda considerando o exemplo criado para dar suporte ao Exercício Resolvido 5, como ficariam os registros contábeis dessa operação? Ora, o ICMS incidente sobre a compra será recuperado quando da apuração da venda de mercadorias; então, até que isso aconteça, ele será mantido em uma conta do Ativo Circulante (ICMS a Recuperar) para, posteriormente, ser confrontado com o ICMS sobre as vendas de modo a apurar se há crédito ou débito. Caso seja apurado **crédito**, será transportado para o mês seguinte; caso seja apurado **débito**, a empresa deverá recolher o tributo.

Os saldos existentes na conta do ICMS a recuperar no final do exercício figurarão no BP na conta do Ativo Circulante, pois essa conta representa um crédito da empresa perante o fisco. Senso assim, o lançamento da operação no diário figurará como se lê a seguir:

Tabela 3.6 – Lançamento contábil

Diversos	
a Caixa/Fornecedores	R$ 12.000,00
Compras	R$ 9.960,00
ICMS a Recuperar	R$ 2.040,00

O "a" minúsculo que aparece antes da conta Caixa serve para indicar que estamos creditando a conta. Observe o mecanismo nos razonetes logo a seguir:

Figura 3.8 – Razonetes em T

D	Caixa	C
		12.000,00

D	Compras	C
9.960,00		

D	ICMS a Recuperar	C
2.040,00		

Como não há discriminação especificando se a compra foi realizada à vista ou a prazo, consideramos aqui que a compra foi à vista; mas, se ela tivesse sido a prazo, somente trocaríamos a conta Caixa pela conta Fornecedores. Observe também que a alíquota do ICMS é aplicada sobre o valor da nota fiscal emitida, que, nesse caso, deverá ser de R$ 12.000,00.

> Esse mecanismo aplica-se também para o IPI a recuperar, no caso de uma atividade industrial.

Vamos agora resolver um exercício no qual estejam incluídos os descontos obtidos para que possamos ver o mecanismo da contabilização.

Exercício resolvido

6. Suponhamos que a Empresa Fictícia Ltda. adquiriu mercadoria para revenda e a nota fiscal emitida pelo fornecedor foi assim discriminada:

Tabela 3.7 – Esboço da Nota Fiscal

Valor da Mercadoria	R$ 32.000,00
(–) Desconto obtido 12	R$ 3.840,00
(=) Total da nota fiscal	R$ 28.160,00
ICMS 17	R$ 4.787,20

Com base nas informações que constam na tabela, faça o esboço dos lançamentos no diário e no razonete, evidenciando o desconto obtido.

Resolução

No diário, temos a tabela a seguir:

Tabela 3.8 – Lançamento Contábil da Nota Fiscal

Diversos a Diversos	
Compras	R$ 32.000,00
ICMS a Recuperar a Caixa/Fornecedores a Desconto sobre Compras	R$ 4.787,20 R$ 28.160,00 R$ 3.840,00

No razonete:

Figura 3.9 – Razonetes em T

D Caixa C	
	28.160,00

D Compras de merc. C	
32.000,00	

D Desconto s/ compras C	
	3.840,00

D ICMS a recuperar C	
4.787,20	

Observe que temos um lançamento de 4ª fórmula (duas contas devedoras e duas contas credoras) e que a incidência do ICMS é pelo valor total da nota fiscal. A legislação permite que se faça esse tipo de lançamento sem evidenciar o desconto, pois a obrigatoriedade é pelo valor total da nota fiscal, mas o procedimento também pode ser feito dessa forma para evidenciar maior detalhamento no fato contábil.

3.4.2 Lucro bruto

É a apuração de lucro ou prejuízo apresentado nas operações com mercadorias em um determinado período de tempo. A equação que define esse resultado é a diferença das vendas com o CMV.

Lucro Bruto = Vendas – Custo da mercadoria vendida

3.4.2.1 Como determinar as vendas ou receitas líquidas

Para a determinação de vendas ou receitas líquidas, temos a seguinte estrutura:

Quadro 3.2 – Determinação das vendas ou receitas líquidas

Vendas brutas
(–) Impostos sobre as vendas
(–) Descontos ou abatimentos sobre vendas
(–) Devoluções ou cancelamento de vendas
(–) PIS s/faturamento
(–) Cofins – Contribuição para o financiamento da Seguridade Social
(=) Vendas líquidas

Observação:

O PIS s/faturamento e a Contribuição para o Financiamento da Seguridade Social (Cofins) são contribuições e não impostos, por isso aparecem separados na demonstração apresentada. Os tributos sobre as vendas serão detalhados mais adiante.

Exercícios resolvidos

7. Suponhamos que a Empresa Fictícia Ltda. vendeu mercadorias num determinado mês pelo valor de R$ 20.000,00, com ICMS incidente sobre as vendas de 17%, PIS sem faturamento de R$ 330,00 e Cofins de R$ 1.520,00. Considere também que a venda foi realizada a prazo. Agora, com base nesses dados, esboce a apuração das vendas líquidas do período.

Resolução

Tabela 3.9 – Determinação das vendas ou receitas líquidas

Vendas brutas	R$ 20.000,00
(–) ICMS sobre Vendas	R$ 3.400,00
(–) PIS s/Faturamento	R$ 330,00
(–) COFINS	R$ 1.520,00
Vendas líquidas	R$ 14.750,00

8. Utilizando as informações apresentadas no exercício resolvido 7, demonstre os lançamentos contábeis dos fatos no diário e nos razonetes, esboçando apenas a conta devedora, a conta credora e o valor.

Resolução

No diário, temos a tabela a seguir:

Tabela 3.10 – Lançamentos contábeis

Lançamento 01 D – Duplicatas a receber C – a vendas	R$ 20.000,00
Lançamento 02 D – ICMS s/vendas C – a ICMS a recolher	R$ 3.400,00
Lançamento 03 D – PIS s/faturamento C – a PIS s/faturamento a recolher	R$ 330,00
Lançamento 04 D – Cofins C – a Cofins a recolher	R$ 1.520,00

Nos razonetes, temos a Figura 3.10.

Figura 3.10 – Razonetes em T

D	Duplicatas a Receber	C
20.000,00		

D	Vendas	C
		20.000,00

D	ICMS s/Vendas	C
3.400,00		

D	ICMS a Recolher	C
		3.400,00

D	PIS s/Faturamento	C
330,00		

D	COFINS	C
1.520,00		

D	PIS s/Fat. a recolher	C
		330,00

D	COFINS a Recolher	C
		1.520,00

Observe que os lançamentos efetuados foram todos de 1ª fórmula e que cada conta do enunciado gerou uma nova conta. Isso explica o método das partidas dobradas, o qual determina que, para cada conta devedora, existe uma conta credora. As contas dos tributos que aparecem com a identificação "a recolher" são contas Patrimoniais e aquelas que aparecem somente com o nome do tributo são as contas de despesas – contas de Resultados. Lembre-se de que as contas Patrimoniais figuram no BP – as quais, no caso que estamos avaliando, são: Duplicatas a Receber; ICMS a Recolher; PIS s/Faturamento a recolher e Cofins a Recolher – e de que as Contas de Resultado figuram na Demonstração de Resultado do Exercício (DRE) – as quais, no caso que estamos avaliando, são: Vendas; ICMS s/Vendas; PIS s/Faturamento a recolher e Cofins a recolher.

3.4.2.2 Os tributos sobre as vendas

Os tributos sobre as vendas são calculados proporcionalmente ao volume de vendas. Assim, quanto maior a venda, maior será a incidência dos tributos. Estamos tratando dos fatos que influenciam diretamente as operações com mercadorias.

Um dos como **impostos sobre a venda** é o Imposto sobre a Circulação de Mercadorias e Serviços (ICMS), cujas características são as seguintes:

- É um imposto de competência da esfera estadual. As transações dentro do estado, as chamadas *alíquotas internas*, variam de produto para produto. A alíquota externa está fixada em 12% para os estados de Santa Catarina, São Paulo, Rio de Janeiro, Rio Grande do Sul, Minas Gerais e Paraná; para os demais estados, a alíquota é de 7%. Existem mercadorias que são isentas de ICMS ou mesmo imunes, portanto, nem todas as mercadorias são tributáveis ao ICMS.
- O frete sobre a compra é tributável ao ICMS, seja transporte intermunicipal, seja interestadual.
- É um **imposto por dentro**, porque está incluso no valor da mercadoria quando é feita sua comercialização.
- Pode ser compensado em transações seguintes, por isso é **não cumulativo**, ou seja, a apuração é mensal; porém, se restar saldo do crédito do mês, a compensação é feita nas transações do mês seguinte. No caso de encerramento de exercício, os saldos existentes figurarão no BP, no Passivo Circulante e na conta do ICMS a Recolher, pois esta conta representa uma obrigação para com o fisco.
- A base de cálculo é o valor total da mercadoria na nota fiscal emitida.

Outro imposto sobre venda é o Imposto sobre Produtos Industrializados (IPI), que apresenta as seguintes características:

- Compete à União e está previsto no art. 153 da Constituição Federal de 1988 (Brasil, 1988).
- A alíquota varia de acordo com o produto, isto é, trata-se de um imposto extrafiscal, embora possa ser utilizado como um imposto seletivo – para estimular o consumo,

o governo pode isentá-lo ou reduzir significativamente sua alíquota, assim como pode fazer o contrário para diminuir ou frear o consumo. As alíquotas estão disponíveis na Tabela de Incidência do Imposto sobre Produtos Industrializados (Tipi).

- Na empresa comercial, o IPI é considerado custo, pois, como a empresa comercial não é contribuinte desse imposto, ele não é recuperável – em outras palavras, quando a empresa comercial adquire produtos da indústria e recebe o valor do IPI especificado na nota fiscal de entrada de mercadoria, ele será considerado custo.
- É um imposto por fora, ou seja, não está incluído no valor da mercadoria.

Veja o exemplo demonstrado na Tabela 3.11.

Tabela 3.11 – Esboço da Nota Fiscal

IMPOSTO POR DENTRO E IMPOSTO POR FORA **Especificação da Nota Fiscal**	
Valor da mercadoria	R$ 30.000,00
IPI (25%)	R$ 7.500,00
ICMS (17%)	R$ 5.100,00
Valor total da Nota Fiscal	R$ 37.500,00

Nessa tabela, podemos observar que o valor do ICMS não é somado na nota fiscal (por ser um imposto por dentro), mas o valor do IPI sim (por ser um imposto por fora).

Ainda quanto aos impostos sobre a venda, temos o **Imposto sobre Serviços de Qualquer natureza** (ISS), cujas características são:

- Compete aos municípios e está previsto no art. 155, inciso II, da Constituição Federal de 1988.
- O fato gerador é a prestação de serviço por empresa ou profissional autônomo – as prestações de serviços elencados na Lei Complementar n. 116, de 31 de julho de 2003 (Brasil, 2003b) estão obrigadas ao recolhimento.

- A Lei Complementar n. 116/2003 determina uma alíquota máxima de 5% e o Ato das Disposições Constitucionais Transitórias (ADCT) da Constituição Federal de 1988, em seu art. 88, fixa uma alíquota mínima de 2% – sendo assim, os municípios podem fixar sua alíquota dentro desses parâmetros.
- Tem como base de cálculo o serviço prestado, é um imposto por dentro e não é recuperável.

São considerados **contribuições sobre a venda**: o PIS s/faturamento (Programa de Integração Social) e a Cofins. Ambos são contribuições instituídas por lei e são tributos sobre o faturamento da empresa. No Quadro 3.3, você poderá ver as diferenças entre as formas de tributação do PIS s/faturamento e da Cofins, de acordo com o disposto pela Lei n. 10.833, de 29 de dezembro de 2003 (Brasil, 2003a).

Quadro 3.3 – Quadro sintético das alíquotas de impostos das empresas

	LUCRO REAL		LUCRO PRESUMIDO	
Característica	PIS	Cofins	PIS	Cofins
Alíquota	1,65%	7,6%	0,65%	3,0%
Base de cálculo	Faturamento	Faturamento	Faturamento	Faturamento
Apuração	Não Cumulativo	Não Cumulativo	Cumulativo	Cumulativo
Competência	Mensal	Mensal	Mensal	Mensal

Fonte: Adaptado de Ávila, 2011, p. 144.

3.5 A tributação das empresas

Sobre tributos, o art. 3 do Código Tributário Nacional (CTN) – Lei n. 5.172, de 25 de outubro de 1966 – define:

> Art. 3º Tributo é toda prestação pecuniária compulsória, em moeda ou cujo valor nela possa exprimir, que não constitua sanção de ato ilícito, instituída por lei e cobrada mediante atividade administrativa plenamente vinculada. (Brasil, 1966)

Caracteriza-se um tributo pelos seguintes elementos: fato gerador e contribuinte. No nosso caso, o termo *fato gerador* refere-se à atividade da empresa e o termo *contribuinte* à empresa.

Mas, afinal, quais são os tributos concernentes às empresas? Já estudamos os tributos com as operações de mercadorias, pela necessidade de demonstrar algumas das apurações. Às vezes parece que, ao estudarmos contabilidade, temos de extrapolar alguns conteúdos, mas é muito difícil estudarmos a contabilidade sem construir alguns devidos relacionamentos, ou seja, não teríamos como estudar as vendas, por exemplo, sem estudar seus tributos ou vice-versa. Por isso, a contabilidade torna-se às vezes complexa, mas nós, profissionais da contabilidade, estamos sendo moldados a isso, para extrapolar nosso raciocínio por meio de previsões.

Dentre toda a gama de tributações relativas às empresas, esta seção tem o objetivo de mostrar algumas tributações de forma resumida. A seguir, estudaremos as divisões das tributação aplicadas às empresas.

3.5.1 A tributação sobre o faturamento, o lucro e as obrigações sociais

Conforme vimos nas operações com mercadorias, existem as tributações com compras e vendas de mercadorias, a legislação, a forma de tributar e a forma de lançar. Apesar de já conhecermos os tributos, a fim de organizar os conteúdos vamos relacioná-los aqui.

Tributos inerentes ao faturamento de comércio, indústria e prestação de serviços, ou seja, sobre as receitas, estão elencados no quadro a seguir.

Quadro 3.4 – Síntese da tributação nas empresas

Abrev.	Discriminação	Competência	Tributação sobre
ICMS	Imposto sobre Circulação de Mercadorias e Serviços	Estadual	Faturamento
IPI	Imposto sobre Produtos Industrializados (Federal)	Federal	Faturamento
II	Imposto sobre Importação	Federal	Faturamento
IE	Imposto sobre Exportação	Federal	Custo Import.
ISS	Imposto sobre Serviços de Qualquer Natureza	Municipal	Faturamento
PIS	Programa de Integração Social	Federal	Faturamento
COFINS	Contribuição para o Financiamento da Seguridade Social	Federal	Faturamento
IRPJ	Imposto de Renda Pessoa Jurídica	Federal	Lucro
CSLL	Contribuição Social sobre o Lucro Líquido	Federal	Lucro
CPP*	Contribuição Patronal Previd. para a Seguridade Social – a cargo da Empresa	Federal	F. de Pagto.
	Contribuição para a Manutenção da Seguridade Social – a cargo do Trabalhador	Federal	F. de Pagto.
	Contribuição para a Manutenção da Seguridade Social – Cargo da Empresário	Federal	F. de Pagto.
FGTS**	Fundo de Garantia do Tempo de Serviço	Federal	F. de Pagto.
IOF	Impostos sobre Operações Financeiras	Federal	Op. Financ.
ITR	Imposto sobre a Propriedade Territorial Rural	Federal	Propriedade
IPTU	Imposto sobre a Propriedade Territorial Urbana	Municipal	Propriedade
IPVA	Imposto sobre a Propriedade de Veículos Automotores	Estadual	Propriedade

* O CPP pode incidir sobre o faturamento em determinadas atividades.

** O FGTS é uma obrigação da empresa para com os empregados. O governo é o depositário, mas o direito é dos empregados. Por isso, não caracteriza tributo.

Fonte: Adaptado de Brasil, 1976.

3.5.2 O enquadramento das empresas brasileiras

Vimos anteriormente a gama de impostos e contribuições que são obrigatórias para as empresas. No Brasil, de acordo com as atividades desenvolvidas, as empresas podem se enquadrar em três diferentes tipos de tributação, que são:

1. Simples Nacional.
2. Lucro Presumido.
3. Lucro Real.

3.5.2.1 O Simples Nacional

Todos os estados e municípios participam obrigatoriamente do Sistema Integrado de Pagamento de Impostos e Contribuições das Microempresas e Empresas de Pequeno Porte (Simples), que é a forma de tributação chamada de *Simples Nacional*, prevista na Lei Complementar n. 123, de 14 de dezembro de 2006 (Brasil, 2006), última alteração dada pela Lei Complementar n. 147, de 7 de agosto de 2014 (Brasil, 2014c).

Quadro 3.5 – Síntese da tributação nas empresas pelo Simples Nacional

Abrev.	Discriminação
ICMS	Imposto sobre Operações Relativas à Circulação de Mercadorias e sobre Prestações de Serviços de Transporte Interestadual e Intermunicipal e de Comunicação
IPI	Imposto sobre Produtos Industrializados (Federal)
ISS	Imposto sobre Serviços de Qualquer Natureza
PIS	Programa de Integração Social
COFINS	Contribuição para o Financiamento da Seguridade Social
IRPJ	Imposto de Renda Pessoa Jurídica
CSLL	Contribuição Social sobre o Lucro Líquido
INSS	Contribuição para a Seguridade Social (cota Patronal)

Fonte: Brasil, 2006.

Ainda no art. 12 da Lei Complementar n. 123/2006, há um alerta sobre a possibilidade de haver a incidência de outros tributos, dependendo da qualidade de contribuinte ou responsáveis.

Para o enquadramento da empresa nessa modalidade de microempresa ou de empresa de pequeno porte, dentre as diversas exigências legais, estão expostos os seguintes limites: mínimo e máximo de faturamento bruto anual.

Quadro 3.6 – Enquadramento das empresas quanto à tributação

Enquadramento	**Faturamento Bruto Anual (LC 123/2006, alterada pela LC n. 139/2011)**
Microempresa (ME)	Igual ou inferior a R$ 360.000,00
Empresa de Pequeno Porte (EPP)	Superior a R$ 360.000,00 e inferior a R$ 3.600.000,00

Fonte: Adaptado de Brasil, 2006.

Além da microempresa (ME) e da empresa de pequeno porte (EPP), temos também o microempreendedor individual (MEI), que deve ter um faturamento igual ou inferior a R$ 60.000,00 e não possuir sócios, ou seja, trata-se de uma empresa individual, que também é regida pela mesma LC 123/2006.

3.5.2.2 Lucro presumido

As empresas enquadradas no lucro presumido apresentam quatro tipos de tributos federais incidentes sobre o seu faturamento:

- PIS e Cofins: são apurados mensalmente;
- IRPJ e CSLL: são apurados trimestralmente.

Quadro 3.7 – Síntese da tributação nas empresas pelo lucro presumido

Contribuições	PIS	COFINS
Base de cálculo	Faturamento 100%	Faturamento 100%
Apuração	Cumulativo	Cumulativo
Competência	Mensal	Mensal
Alíquota	0,65%	3,0%

Fonte: Brasil, 2003a; Brasil, 2014b.

O fisco supõe que o lucro presumido seria o lucro de uma empresa caso não fosse feita a contabilidade, porém existem empresas que optam por essa forma de tributação e mantêm a escrituração contábil de forma completa, seguindo rigorosamente as normas e os princípios contábeis, em virtude da falta de conhecimento do empresário ou até mesmo do profissional contábil, que às vezes desconhecem as formas de tributação.

A opção pelo lucro presumido é feita quando é recolhida a primeira cota ou cota única do imposto devido no primeiro trimestre do ano – calendário vencível no último dia útil do mês de abril. Como o próprio nome já diz, o governo presume o lucro, aplica os percentuais de presunção e emite o documento de arrecadação.

Estipulam-se os seguintes percentuais de recolhimento: 9% para o cálculo da Contribuição Social sobre o Lucro Líquido (CSLL) e 15% para o cálculo para o Imposto de Renda Pessoa Jurídica (IRPJ).

No lucro presumido, a base de cálculo do IRPJ será diferente para alguns ramos de atividades, conforme determina o art. 519 do Decreto n. 3.000/1999.

3.5.2.3 Lucro real

Ao contrário do lucro presumido, o lucro real deve demonstrar o que realmente acontece dentro da contabilidade da empresa para a devida tributação. Essa forma de apuração é um pouco mais complexa no sentido de apurar o lucro ou o prejuízo da empresa, pois deve se fazer valer de todos os registros dos fatos contábeis para que seja possível obter, de forma eficiente, a base de cálculo para a tributação do IRPJ e da CSLL.

A rigorosa aplicação da legislação e dos princípios contábeis, as diversas provisões necessárias, a completa e transparente escrituração dos fatos contábeis, a preparação das Demonstrações Contábeis, enfim, todos os procedimentos para o perfeito acompanhamento e a apuração do resultado são extremamente importantes para o bom crescimento da empresa.

Todas as empresas, sem exceção, podem optar por essa tributação, mas, às vezes, por comodidade ou por outros fatores, as empresas optam pelo lucro presumido, pois a empresa optante pelo lucro real precisa agir com muito mais rigor contábil, lidar com mais burocracia e pagar uma alíquota maior do PIS e da Cofins.

Quadro 3.8 – Síntese da tributação nas empresas pelo lucro real

Contribuições	**PIS**	**COFINS**
Base de cálculo	Faturamento 100%	Faturamento 100%
Apuração	Não cumulativo	Não cumulativo
Competência	Mensal	Mensal
Alíquota	1,65%	7,6 %

Fonte: Brasil, 2003a; Brasil, 2014b.

No entanto, existem algumas vantagens que devem ser analisadas, pelo menos anualmente, para verificar se a mudança de tributação é ou não vantajosa. O lucro real oferece também algumas vantagens, como uma tributação teoricamente mais justa, já que os cálculos são feitos com base no resultado, e não de acordo com a base de faturamento, como acontece no lucro presumido. Existe também a possibilidade de compensar os prejuízos fiscais anteriores ou até mesmo do exercício, com o aproveitamento de créditos do PIS e da Cofins, além de ser possível fazer um planejamento tributário; porém não podemos analisar isoladamente somente as vantagens do PIS e da Cofins do lucro presumido.

3.6 Noções básicas de folha de pagamento e encargos

O art. 32 da Lei n. 8.212, de 24 de julho de 1991 (e suas respectivas alterações), que trata da organização e do Plano de Custeio da Seguridade Social, dispõe sobre a obrigatoriedade da folha de pagamento.

No inciso II do referido artigo, a lei estabelece que se deve: "II – Lançar mensalmente em títulos próprios de sua contabilidade, de forma discriminada, os fatos geradores de todas as contribuições, o montante das quantias descontadas, as contribuições da empresa e os totais recolhidos" (Brasil, 1991). Isso ressalta a importância da escrituração dos fatos geradores das contribuições previdenciárias, que, não diferente das outras operações contábeis, deve respeitar o regime de competência, atendendo dessa forma ao Princípio Contábil da Competência, e escriturar de forma transparente as retenções efetuadas na folha de pagamento, os encargos da empresa e o montante a ser recolhido aos cofres públicos.

3.6.1 A folha de pagamento

A folha de pagamento contém, inicialmente, todos os créditos (vantagens ou proventos) e débitos do funcionário.

Quadro 3.9 – Síntese da folha de pagamento

Vantagens ou Proventos	Descontos
☑ Salários	☑ Adiantamentos
☑ Gratificações	☑ Faltas injustificadas e atrasos
☑ Comissões	☑ Contribuição Previdenciária
☑ Horas extras	☑ Contribuição Sindical (1 vez por ano)
☑ Adicional de Insalubridade	☑ Imposto de Renda Retido na fonte
☑ Adicional de Periculosidade	☑ Vale-transporte
☑ Adicional Noturno	☑ Pensão alimentícia
☑ Férias	☑ Empréstimos
☑ 13º Salário	☑ Adiantamento da 1ª Parcela 13º Salário
☑ Salário Maternidade ☑ Ajuda de Custo ☑ Salário Família ☑ Diárias para viagens	☑ Plano de benefícios sociais (assistência médica, previdência privada etc.)

Fonte: Elaborado com base em Brasil, 2001a; Brasil, 1988.

Ainda que a ocorrência do pagamento deva ser no quinto dia útil do mês subsequente (art. 459, parágrafo 1º, da Consolidação das Leis do Trabalho – CLT), a contabilização deve ser feita dentro do mês de ocorrência, em obediência ao princípio contábil da competência, e os valores da folha de pagamento devem ser contabilizados e apropriados em uma conta classificada no Passivo Circulante (Salários a Pagar), assim como os encargos devem também ser provisionados e lançados na conta do Passivo Circulante (Encargos a Pagar). Todo o valor incidente na folha de pagamento deve estar devidamente lançado no mês a que se referem as despesas. No mês subsequente, só será efetuado o lançamento do pagamento dos valores líquidos.

Quanto aos encargos de responsabilidade da empresa, que são a Contribuição para a Seguridade Social (INSS) e o Fundo de Garantia do Tempo de Serviço (FGTS), eles também deverão ser provisionados dentro do mês de competência da empresa. Tanto o salário-família como o salário-maternidade (se houver) devem ser inclusos na folha de pagamento, porém o pagamento desses valores não representa uma despesa para a empresa, pois será deduzido dos Valores a Recolher ao INSS, na ocasião da emissão da Guia de Recolhimento.

Exercício resolvido

9. Com base na folha de pagamento apresentada na Tabela 3.9, demonstre os lançamentos no diário e também nos razonetes em T.

Tabela 3.12 – Folha de pagamento

NOME: ANTÔNIO SILVA	**MÊS: MARÇO 2014**	
	Descontos	**Rendimentos**
SALÁRIO BRUTO		R$ 3.000,00
INSS	R$ 300,00	
CONTRIBUIÇÃO SINDICAL	R$ 150,00	
IRRF	R$ 70,00	
LÍQUIDO A RECEBER		**R$ 2.480,00**

Resolução

No diário, vemos a seguinte tabela:

Tabela 3.13 – Lançamentos no diário

Lançamento 01 D – Despesas com salários C – a Salários a Pagar	R$ 3.000,00
Lançamento 02 D – Salários a Pagar C – a INSS a Recolher	R$ 300,00
Lançamento 03 D – Salários a Pagar C – a Contribuição Sindical a Recolher	R$ 150,00
Lançamento 04 D – Salários a Pagar C – a IRRF a Recolher	R$ 70,00

No razonete, a figura a seguir:

Figura 3.11 – Razonetes em T

D Desp. c/ salários	C
3.000,00	

D Salários a pagar	C
300,00 150,00 70,00	3.000,00
	2.480,00

D INSS a recolher	C
	300,00
	300,00

D Cont. sind a rec.	C
	150,00
	150,00

D IRRF a recolher	C
	70,00
	70,00

Observe que temos aqui uma conta de Resultado, que é a Despesas com Salários, a qual participará na apuração da DRE. As demais contas são Patrimoniais. Assim, temos aqui um fato modificativo diminutivo, pois diminuirá o PL.

Quando o devido pagamento dos salários for efetuado, a contrapartida da conta de Salários a Pagar será a conta Caixa ou Bancos com Movimento. Nesse caso, temos um fato permutativo diminutivo, pois o saldo do Ativo Circulante diminuirá, mas também diminuirá o Passivo Circulante.

Síntese

Segundo Hendriksen e Van Breda (2012), a sistemática de lançamentos em forma de T surgiu para indicar o aumento de um lado e a diminuição de outro lado. Isso porque, antigamente, os inventores da contabilidade curiosamente não dispunham de números negativos.

A representação gráfica em T é uma forma didática de demonstrar os débitos e os créditos e demonstra ilustrativamente o método das partidas dobradas, no qual há equilíbrio – ou seja, para cada entrada existe uma saída e vice-versa.

O método das partidas dobradas foi apresentado pelo frei Luca Pacioli e é usado mundialmente até hoje para registrar os fatos contábeis. Seu princípio fundamental é que, para todo débito, existe um crédito de igual valor e vice-versa. Portanto, como não existe um débito sem que haja um respectivo crédito, podemos deduzir com isso que:

- a soma dos valores debitados será igual à soma dos valores creditados;
- a soma dos saldos devedores será igual à soma dos saldos credores;
- a soma das aplicações (débitos) será igual à soma das origens (créditos).

Neste capítulo, procuramos desenvolver de forma resumida toda a prática contábil, mostrando desde os lançamentos contábeis – uma visão de como procede a contabilização no Livro Diário, bem como os mecanismos dos razonetes, a forma de contabilizar os tributos – até onde aparecem: no Balanço Patrimonial (BP) ou na Demonstração de Resultado de Exercício (DRE).

Além disso, buscamos mostrar as formas de tributação das empresas, um assunto bastante polêmico. Pudemos também ter uma noção de lançamento da folha de pagamento. É claro que a abordagem não foi realizada de forma profunda ou buscando o esgotamento do assunto, nem poderia ser, pela enorme extensão de cada conteúdo tratado aqui, pois a maioria deles tem legislações específicas e extensas. Sendo assim, o objetivo deste capítulo foi mostrar alguns caminhos que podemos trilhar para efetuar o registro contábil, a fim de que você entenda as contas de Débito, de Crédito, de Resultados e Patrimoniais.

Perguntas & respostas

1. **Explique as origens e aplicações de recursos na contabilidade.**

As origens são as contas representadas no Passivo, ou seja, de onde vem os recursos, se são recursos próprios ou de terceiros que financiarão as aplicações, que são as contas representadas no Ativo.

2. **O estoque inicial de mercadorias de uma empresa no final de 2014 era de R$ 20.000,00, o estoque final de R$ 40.000,00 e o CMV durante o período foi de R$ 150.000,00. Do total das compras efetuadas, 60% foram a prazo. Determine o valor das compras a prazo.**

CMV = EI + C – EF

150.000,00 = 20.000,00 + C – 40.000,00

150.000,00 = C – 20.000,00

150.000,00 + 20.000,00 = C

C = 170.000,00

170.000,00 · 60% = 102.000,00

Consultando a legislação

Neste capítulo, além de utilizar a Lei n. 6.404/1976, alterada pelas Leis n. 11.638/2007 e n. 11.941/2009, e pela recente Lei n. 12.973/2014, que norteia todos os mecanismos contábeis para que a contabilidade atinja seus objetivos, apresentamos algumas legislações tributárias e fiscais, como o Decreto n. 3.000/1999, que dispõe sobre a tributação da empresa de acordo com a forma escolhida de tributação sobre o lucro, e a Lei n. 8.212/1991 e suas respectivas alterações, que trata da organização da Seguridade Social e institui o Plano de Custeio, o qual dispõe sobre a obrigatoriedade da folha de pagamento. Toda a legislação aqui citada está referenciada no final desta obra para que as leis sejam facilmente acessadas, contribuindo com a ampliação dos seus conhecimentos.

Questões para revisão

1. Os valores das contas na Tabela 3.11 referem-se aos saldos registrados no Livro Razão da empresa Fictícia Ltda., em 31/12/2012, com vistas à apuração do resultado do exercício.

Tabela 3.14 – Rol das contas do balancete em 31/12/2012

EMPRESA FICTÍCIA LTDA. **CNPJ: 00.000.000/0001-01**		
01	ICMS sobre Compras	400,00
02	Frete sobre Compras	300,00
03	Frete sobre Vendas	800,00
04	Cofins	1.100,00
05	PIS sobre o Faturamento	400,00
06	Salários e Ordenados	2.000,00
07	Clientes	4.500,00
08	ICMS a Recolher	1.450,00
09	Compra de Mercadorias	3.600,00
10	FGTS	950,00
11	Conta Mercadorias	1.500,00
12	Fornecedores	3.155,00
13	ICMS sobre Vendas	2.100,00
14	Juros Passivos	400,00
15	Aluguéis Ativos	460,00
16	Duplicatas Descontadas	4.000,00
17	Venda de Mercadorias	12.640,00

No inventário realizado em 31 de dezembro de 2012, verificou-se a existência de mercadorias no valor de R$ 1.000,00.

Considerando que, na relação de saldos da Tabela 3.11, estão indicadas todas as contas que formam o resultado dessa empresa, determine o Custo da Mercadoria Vendida (CMV) apurado no exercício de 2012.

2. A firma comercial Fictícia Ltda. adquiriu um bem de uso por R$ 6.000,00, pagando uma entrada de 25% em dinheiro e financiando o restante em três parcelas mensais e iguais. A operação foi tributada com ICMS de 12%. Contabilize esses fatos contábeis e demonstre o cálculo que determina o aumento do Ativo.

3. Marque V (verdadeira) e F (Falsa) nas afirmativas a seguir e, depois, assinale a sequência correta. A conta ICMS a Recuperar:

   ( ) é debitada em contrapartida de uma conta do Patrimônio Líquido.

   ( ) apresenta saldo devedor e indica um crédito da empresa perante o fisco.

   ( ) será classificada no Balanço Patrimonial, no grupo do Passivo Circulante.

   ( ) será classificada no Balanço Patrimonial, no grupo do Ativo Circulante.

   a) V, F, V, F.
   b) F, V, F, V.
   c) V, F, F, V.
   d) F, V, V, F.

4. O sistema tributário nacional congrega um conjunto de leis e regulamentações que o tornam muito complexo. Analise as proposições a seguir e marque a alternativa correta:

   1. O ISS é de competência estadual e é uma tributação sobre o lucro.

II. A tributação das empresas pode ser dividida ou classificada em: tributação sobre faturamento, tributação sobre lucro e tributação de obrigações sociais.

III. O IRPJ, a CSLL e o FGTS são exemplos de tributação sobre faturamento.

As alternativas corretas são:

a) I, II e III.
b) III apenas.
c) I e III.
d) II apenas.

5. Os fatos administrativos são classificados em: permutativo, modificativo e misto. Enumere a segunda coluna de acordo com a primeira.

(P) Fato permutativo
(M) Fato modificativo
(F) Fato misto

( ) As movimentações ocorrem normalmente envolvendo uma conta Patrimonial e uma conta de Resultado.
( ) Deve ser contabilizado utilizando-se no mínimo três contas, sendo duas Patrimoniais e uma de Resultado.
( ) Deve sempre ser contabilizado em contas Patrimoniais, sem envolver as contas do Patrimônio Líquido ou as contas de Resultado.
( ) Por exemplo, venda à vista de mercadorias.

a) M, F, P, M.
b) F, M, P, F.

c) M, P, F, M.
d) F, F, P, M.

Questões para reflexão

1. Fábio é estagiário de contabilidade da Empresa Fictícia Ltda. e verificou que, em uma das operações diárias da empresa, houve a quitação de uma dívida com desconto. Curioso, ele pediu que você lhe explicasse essa transação, contabilmente falando. Como você explicaria?

2. Explique a situação líquida quando a empresa apresenta a equação: ATIVO = PASSIVO – SITUAÇÃO LÍQUIDA.

3. No encerramento do Balanço Patrimonial, apura-se que o Passivo Exigível é maior que o Ativo. Explique a disposição dessa situação líquida na estrutura do Balanço Patrimonial.

4. Descreva uma situação em que devemos classificar um bem como *investimento*, ou seja, como adverso à sua atividade operacional.

5. Quando os estoques apresentarem itens deteriorados, obsoletos e morosos, entre outros, e uma baixa ou redução direta nos seus valores não for praticável, deve-se constituir uma provisão para reconhecer tal perda. Explique como pode ser a classificação das contas que serão componentes dos Estoques.

Saiba mais

Ávila, C.A. **Gestão contábil para contadores e não contadores**. 2. ed. Curitiba: Ibpex, 2011.

Essa é uma leitura indicada para quaisquer profissionais, com formação contábil ou não. Ela aborda os principais aspectos relacionados à gestão empresarial por meio de uma linguagem simples e adequada.

4 As Demonstrações Contábeis

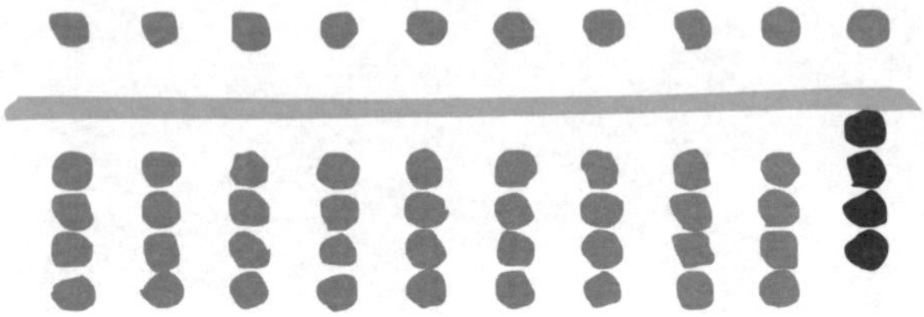

Conteúdos do capítulo

- Balancete de Verificação (BV).
- Demonstração do Resultado do Exercício (DRE).
- Balanço Patrimonial (BP).
- Demonstração dos Lucros ou Prejuízos Acumulados (DLPA).
- Demonstração do Fluxo de Caixa (DFC).
- Demonstração do Valor Adicionado (DVA).

Após o estudo deste capítulo, você será capaz de:

1. levantar as Demonstrações exigidas pela Lei n. 6.404/1976 e suas alterações;
2. conhecer a importância das Demonstrações Contábeis para proceder à sua análise;
3. compreender o funcionamento das Demonstrações Contábeis.

Ao final do exercício financeiro de todo o processo contábil efetuado durante o ano, deve-se fazer o encerramento, ou seja, a condensação dos dados dinâmicos da contabilidade, que é o passo a passo dos registros dos fatos contábeis para a estrutura estática das demonstrações exigidas pela Lei n. 6.404, de 15 de dezembro de 1976, e suas alterações, a qual traz no seu art. 176 o seguinte mandamento:

> Art. 176 Ao fim de cada exercício social, a diretoria fará elaborar, com base na escrituração mercantil da companhia, as seguintes demonstrações financeiras, que deverão exprimir com clareza a situação do patrimônio da companhia e as mutações ocorridas no exercício:
>
> I. balanço patrimonial
>
> II. demonstração dos lucros ou prejuízos acumulados;
>
> III. demonstração do resultado do exercício;

iv. demonstração dos fluxos de Caixa; (Redação dada pela Lei n. 11.638, de 2007)
v. se companhia aberta, demonstração do valor adicionado. (Incluído pela Lei n. 11.638, de 2007). (Brasil, 1976, grifo do original)

Essas demonstrações devem ser elaboradas segundo os princípios contábeis e estruturadas de acordo com normas e padrões para o cumprimento adequado da função contábil, cujos processos são: a identificação, que são os registros e controles; a avaliação e a mensuração; e a comunicação, que é a informação. As normas e os padrões que devem ser obedecidos são imprescindíveis para que as informações sejam compreensíveis, uniformes, oportunas e consistentes.

A Lei n. 6.404/1976 e suas alterações determinam ainda, no art. 176, como devem ser elaboradas e apresentadas as Demonstrações Contábeis. Além do atendimento à legislação, as Demonstrações Contábeis, que devem ser elaboradas de forma transparente e fidedigna, são ferramentas importantes para a tomada de decisão do empresário, pois é por meio delas que o gestor pode ter uma visão da situação financeira da empresa e, assim, realizar de forma mais eficiente uma avaliação do risco e do desempenho, dos investimentos e dos financiamentos de suas atividades.

4.1 Balancete de Verificação (BV)

Para iniciar o fechamento da contabilidade, após efetuar todos os lançamentos contábeis, é necessário levantar o Balancete de Verificação (BV). Esse balancete demonstra todas as contas de Resultados e Patrimoniais, com seus respectivos saldos, para que assim possam ser efetuados os lançamentos de encerramento que serão provocados pela Demonstração de Resultado do Exercício (DRE) e, consequentemente, pelo Balanço Patrimonial (BP) – as duas demonstrações básicas para o levantamento das demais demonstrações exigidas pela Lei n. 6.404/1976 –, bem como para que seja possível obter informações para a geração de outros relatórios que, embora não sejam exigidos por lei, são fundamentais para o processo gerencial – é o caso da Demonstração de Origens e Aplicações de Recursos (Doar), que antes era exigida por lei e que é um importante relatório gerencial.

O BV é um relatório auxiliar levantado com base nas contas dos razonetes. Trata-se do resumo da Razão, que verifica se os saldos das contas estão corretos, consistindo no principal instrumento para a elaboração do BP.

A Tabela 4.1 mostra o BV levantado na Empresa Fictícia Ltda. num determinado ano de sua atividade de prestação de serviços.

Tabela 4.1 – Balancete de Verificação (BV)

EMPRESA FICTÍCIA LTDA.
BALANCETE DE VERIFICAÇÃO EM 31/12/20XX

CONTAS	SALDOS	
	DEVEDOR	CREDOR
Caixa	21.200,00	
Bancos com movimento	56.600,00	
Estoque – Material de limpeza	5.400,00	
Duplicatas a receber	138.200,00	
Máquinas e equipamentos	30.000,00	
Depreciação acumulada de máquinas e equipamentos		8.600,00
Veículos	32.000,00	
Depreciação acumulada de veículos		6.400,00
Duplicatas a pagar		57.200,00
Impostos a recolher		20.600,00
Capital social		100.000,00
Reservas de lucros		14.600,00
Despesas com salários	141.200,00	
Despesas de aluguel	25.000,00	
Despesas de depreciação	6.200,00	

(continua)

(Tabela 4.1 – conclusão)

EMPRESA FICTÍCIA LTDA. BALANCETE DE VERIFICAÇÃO EM 31/12/20XX		
CONTAS	**SALDOS**	
	DEVEDOR	**CREDOR**
Despesas de material de limpeza	11.100,00	
Despesas financeiras	11.600,00	
Despesas gerais (água, luz e telefone)	16.300,00	
Despesas com ISS	3.600,00	
Aluguel a pagar		2.600,00
Salários a pagar		12.400,00
Receitas de serviços		276.000,00
TOTAL	498.400,00	498.400,00

Ainda na Tabela 4.1, observe que os saldos devedores e credores "fecham" em igualdade. Isso porque utilizamos o método das partidas dobradas (ou seja, um débito para um crédito). No entanto, se um lançamento contábil for efetuado de forma errada (se ficar invertido, por exemplo), os valores continuarão "fechando". Portanto, se levarmos em conta apenas o BV, pode ser que o "erro" não seja identificado e que ele só apareça quando o levantando de outras Demonstrações Contábeis for feito. Dessa forma, é importante fazer um balancete prévio para realizar essa confrontação e, se preciso, proceder aos lançamentos de ajustes necessários para a regularização e, assim, realizar o fechamento das Demonstrações Contábeis, pois o BV pode ser levantado a qualquer momento.

O BV apresentado na Tabela 4.1 é bastante simples, com apenas algumas contas, e foi efetuado de forma fictícia, somente para exemplificar. Nós o utilizaremos para o levantamento de alguns relatórios contábeis que estudaremos nos próximos itens.

4.2 Demonstração do Resultado do Exercício (DRE)

A DRE é obrigatória e deve acompanhar o BP. O art. 187 da Lei n. 6.404/1976 determina a sua elaboração e os itens que devem compor a demonstração. Trata-se de uma demonstração dinâmica que demonstra as receitas e suas deduções, as despesas, os custos, as participações, as provisões de tributos e os lucros. Essas informações são importantíssimas para uma adequada tomada de decisão. Portanto, além de ser uma demonstração de caráter fiscal, é também uma importante ferramenta de gestão empresarial.

A estrutura da DRE, de forma resumida, segundo a Lei n. 6.404/1976, pode ser observada no quadro a seguir.

Quadro 4.1 – Demonstração de Resultado do Exercício (DRE)

ESTRUTURA RESUMIDA DA DEMONSTRAÇÃO DE RESULTADO DO EXERCÍCIO
RECEITA BRUTA COM VENDAS/SERVIÇOS
(–) Deduções (impostos, devoluções, abatimentos etc.)
= RECEITA LÍQUIDA COM VENDAS/SERVIÇOS
(–) Custos (Custos da Mercadoria/Serviços Vendidos)
= LUCRO BRUTO
(–) Despesas Operacionais (Comissões, Fretes, Propaganda etc.) (+) Outras Receitas Operacionais (+/–) Resultado de Equivalência Patrimonial
= LUCRO LÍQUIDO
(+/–) Outras Receitas e Despesas
= LUCRO ANTES DO IR
(–) Provisões para o IR e CSLL
= LUCRO/PREJUÍZO LÍQUIDO DO EXERCÍCIO

Fonte: Adaptado de Brasil, 1976.

Exercício resolvido

1. Com base no Balancete de Verificação (BV) da Empresa Fictícia Ltda., faça o levantamento da Demonstração de Resultado do Exercício (DRE).

Tabela 4.2 – Balancete de Verificação (BV)

EMPRESA FICTÍCIA LTDA.
BALANCETE DE VERIFICAÇÃO EM 31/12/20XX

CONTAS	SALDOS	
	DEVEDOR	CREDOR
Caixa	21.200,00	
Bancos com movimento	56.600,00	
Estoque – Material de limpeza	5.400,00	
Duplicatas a receber	138.200,00	
Máquinas e equipamentos	30.000,00	
Depreciação acumulada de máquinas e equipamentos		8.600,00
Veículos	32.000,00	
Depreciação acumulada de veículos		6.400,00
Duplicatas a pagar		57.200,00
Impostos a recolher		20.600,00
Capital social		100.000,00
Reservas de lucros		14.600,00
Despesas com salários	141.200,00	
Despesas de aluguel	25.000,00	
Despesas de depreciação	6.200,00	
Despesas de material de limpeza	11.100,00	
Despesas financeiras	11.600,00	
Despesas gerais (água, luz e telefone)	16.300,00	
Despesas com ISS	3.600,00	
Aluguel a pagar		2.600,00
Salários a pagar		12.400,00
Receitas de serviços		276.000,00
TOTAL	498.400,00	498.400,00

O BV apresentado demonstra todas as contas constantes na contabilidade da empresa. Para um melhor entendimento, todas as contas que tiverem a identificação de despesas e receitas são contas de Resultados e vão encerrar na DRE; as demais contas (que são Patrimoniais) vão compor o BP. Assim, temos sete contas de Despesas e uma conta de Receita.

Vejamos agora a disposição das contas antes dos lançamentos de fechamento.

Figura 4.1 – Razonetes em T

D	Desp./Salários	C
141.200,00		

D	Desp./Aluguel	C
25.000,00		

D	Desp./Depreciação	C
6.200,00		

D	Desp./Mat. limpeza	C
11.100,00		

D	Despesas gerais	C
16.300,00		

D	Despesas financeiras	C
11.600,00		

D	Despesas com ISS	C
3.600,00		

D	Receitas de serviços	C
		276.000,00

Agora, veremos a disposição das contas depois dos lançamentos de fechamento.

Figura 4.2 – Razonetes em T

D	Desp./Salários	C
141.200,00		141.200,00
0,00		

D	Desp./Aluguel	C
25.000,00		25.000,00
0,00		

D	Desp./Depreciação	C
6.200,00		6.200,00
0,00		

D	Desp./ Mat. Limpeza	C
11.100,00		11.100,00
0,00		

D	Despesas gerais	C
16.300,00		16.300,00
0,00		

D	Despesas financeiras	C
11.600,00		11.600,00
0,00		

D	Despesas com ISS	C
3.600,00		3.600,00
0,00		

D	Receitas de serviço	C
276.000,00		276.000,00
0,00		

D	DRE	C
141.200,00		
25.000,00		
6.200,00		
11.100,00		276.000,00
16.300,00		
11.600,00		
3.600,00		
		61.000,00

No Diário, teremos a Tabela 4.3.

Tabela 4.3 – Lançamentos Contábeis

Lançamento 01 D – Receitas de serviços C – a DRE	276.000,00
Lançamento 02	
D – DRE	215.000,00
C – a Diversos	
a Desp./Salários	141.200,00
a Desp./Aluguel	25.000,00
a Desp./Depreciação	6.200,00
a Desp./Mat. limpeza	11.100,00
a Despesas gerais	16.300,00
a Despesas financeiras	11.600,00
a Despesas com ISS	3.600,00

Após ter realizado esses procedimentos, é possível elaborar a DRE, supondo a tributação pelo lucro real. A legislação também determina que a DRE de dois exercícios financeiros deve ser realizada para comparação; porém, nesta atividade, trabalharemos somente um exercício financeiro, pois trata-se de uma simulação de empresa fictícia, criada somente para permitir uma melhor compreensão dos procedimentos. Sendo assim, a DRE da empresa ficaria apurada conforme mostra a tabela a seguir:

Tabela 4.4 – Demonstração de Resultado do Exercício (DRE)

EMPRESA FICTÍCIA LTDA. **DEMONSTRAÇÃO DE RESULTADO DO EXERCÍCIO EM 31/12/X**	
Receita Bruta	**276.000,00**
Receita de Serviços	276.000,00
(–) Deduções da Receita	**(3.600,00)**
ISS – Imposto sobre Serviços	(3.600,00)
(=) Receita Líquida	**272.400,00**
(–) Custo da Mercadoria Vendida	0,00
(=) Lucro Operacional Bruto	**272.400,00**
(–) Despesas Operacionais	**(211.400,00)**
(–) Despesas com salários	(141.200,00)
(–) Despesas de aluguel	(25.000,00)
(–) Despesas de depreciação	(6.200,00)
(–) Despesas com material de limpeza	(11.100,00)
(–) Despesas financeiras	(11.600,00)
(–) Despesas gerais (água, luz e telefone)	(16.300,00)
= Lucro antes do IR	61.000,00
(–) Provisão para o IR	(9.150,00)
(–) Provisão para a CSLL	(5.490,00)
(=) Lucro líquido do exercício	46.360,00

O lucro apurado na Tabela 4.4 será transportado para o BP sob forma de Reservas.

4.3 Balanço Patrimonial (BP)

Assim como a DRE, o Balanço Patrimonial (BP) é uma demonstração obrigatória, com realização determinada na Lei n. 6.404/1976, art. 176. Essa demonstração é estática e retrata a situação financeira da empresa de forma sintetizada. A referida lei traz todas as informações de como classificar e agrupar as contas, tanto do Ativo quanto do Passivo, para que fiquem uniformes e a interpretação seja acessível ao usuário da informação, além de outras determinações para a elaboração.

A Deliberação CVM n. 488, de 3 de outubro de 2005 (Brasil, 2005), acrescenta notas explicativas (elementos exigidos nas Demonstrações Contábeis) sobre as regras para a elaboração das Demonstrações Contábeis, incluindo a descrição das práticas contábeis. Portanto, ao elaborar as Demonstrações Contábeis, devemos observar tanto a Lei n. 6404/1976 quanto essa deliberação da CVM.

A citada lei determina que no BP devem ser apresentados os saldos do exercício anterior e do exercício atual para que seja efetuada a comparabilidade da evolução patrimonial da empresa durante o exercício. É especificado também que o BP receberá todas as contas Patrimoniais e que, se houver contas não movimentadas durante o exercício, mas que tenham saldos do exercício anterior, esse saldo deverá ser repetido no exercício atual para o fechamento.

Exercício resolvido

2. Com base no Balancete de Verificação (BV) e na Demonstração de Resultado do Exercício (DRE) da Empresa Fictícia no ano X_0, elabore o Balanço Patrimonial (BP), demonstrando os lançamentos efetuados para tal procedimento.

Tabela 4.5 – Demonstração de Resultado do Exercício (DRE)

EMPRESA FICTÍCIA LTDA. DEMONSTRAÇÃO DE RESULTADO DO EXERCÍCIO EM 31/12/20XX	
Receita Bruta	**276.000,00**
Receita de Serviços	276.000,00
(–) Deduções da Receita	**(3.600,00)**
ISS – Imposto sobre Serviços	(3.600,00)
(=) Receita Líquida	**272.400,00**
(–) Custo da Mercadoria Vendida	0,00
(=) Lucro Operacional Bruto	**272.400,00**

(continua)

EMPRESA FICTÍCIA LTDA. DEMONSTRAÇÃO DE RESULTADO DO EXERCÍCIO EM 31/12/20XX	
(–) Despesas Operacionais	**(211.400,00)**
(–) Despesas com salários	(141.200,00)
(–) Despesas de aluguel	(25.000,00)
(–) Despesas de depreciação	(6.200,00)
(–) Despesas com material de limpeza	(11.100,00)
(–) Despesas financeiras	(11.600,00)
(–) Despesas gerais (água, luz e telefone)	(16.300,00)
= Lucro antes do IR	61.000,00
(–) Provisão para o IR	(9.150,00)
(–) Provisão para a CSLL	(5.490,00)
(=) Lucro líquido do exercício	46.360,00

Tabela 4.6 – Balanço Patrimonial

EMPRESA FICTÍCIA LTDA. BALANÇO PATRIMONIAL EM 31/12/20XX			
ATIVO		**PASSIVO**	
ATIVO CIRCULANTE	**221.400,00**	**PASSIVO CIRCULANTE**	**107.440,00**
DISPONÍVEL	77.800,00	OBRIGAÇÕES DIVERSAS	107.440,00
Caixa	21.200,00	Duplicatas a pagar	57.200,00
Bancos com Movimento	56.600,00	Impostos a recolher	35.240,00
ESTOQUES	5.400,00	Aluguel a Pagar	2.600,00
Estoques-Material de limpeza	5.400,00	Salários a Pagar	12.400,00
CONTAS A RECEBER	138.200,00	**PATRIMÔNIO LÍQUIDO**	**160.960,00**
Duplicatas a receber	138.200,00	CAPITAL SOCIAL	100.000,00
ATIVO NÃO CIRCULANTE	**47.000,00**	Capital	100.000,00
IMOBILIZADO		Reservas de Lucros	60.960,00
Máquinas e Equipamentos	30.000,00		
(–) Depreciação Acumulada	(8.600,00)		
Veículos	(32.000,00)		
(–) Depreciação Acumulada	(6.400,00)		
TOTAL DO ATIVO	**268.400,00**	**TOTAL DO PASSIVO**	**268.400,00**

Segue o lançamento nos razonetes:

Figura 4.3 – Razonetes em T

D	Caixa	C
21.200,00		
21.200,00		

D	Bancos c/ mov.	C
56.600,00		
56.600,00		

D	Estoques-Mat. Limpeza	C
5.400,00		
5.400,00		

D	Dupl. a receber	C
138.200,00		
138.200,00		

D	Máquinas e equip.	C
30.000,00		
30.000,00		

D	Deprec. acum. M.E.	C
		8.600,00
		8.600,00

D	Veículos	C
32.000,00		
32.000,00		

D	Deprec. acum veíc.	C
		6.400,00
		6.400,00

D	Duplicatas a pagar	C
		57.200,00
		57.200,00

D	Capital social	C
		100.000,00
		100.000,00

D	Alugel a pagar	C
		2.600,00
		2.600,00

D	Salários a pagar	C
		12.400,00
		12.400,00

D	Reservas de lucros	C
		14.600,00
		46.360,00
		60.960,00

D	Impostos a recolher	C
		20.600,00
		9.150,00
		5.490,00
		35.240,00

D	DRE	C
141.200,00		276.000,00
25.000,00		
6.200,00		
11.100,00		
16.300,00		
11.600,00		
3.600,00		
Saldo		61.000,00
9.150,00		
5.940,00		
43.360,00		
0,00		0,00

No diário, temos a tabela a seguir:

Tabela 4.7 – Lançamento Contábil

Lançamento 01	
D – DRE	61.000,00
C – a Diversos	
a Impostos a Recolher	14.640,00
a Reservas de Lucros	46.360,00

Observe que os saldos da maioria das contas Patrimoniais não sofreram alterações, pois foram se modificando ao longo do exercício financeiro quando os lançamentos foram efetuados. As contas Patrimoniais que sofreram alterações foram:

- **Impostos a Recolher**: porque, ao verificar o lucro do exercício, deve-se fazer a tributação – no exemplo que usamos para a Tabela 4.7, houve uma tributação pelo lucro real, cuja alíquota aplicada foi de 15% para o Imposto de Renda (IR) e de 9% para a Contribuição Social sobre o Lucro Líquido (CSLL); a base de cálculo foi o lucro líquido apurado no exercício, de R$ 61.000,00;
- **Reservas de lucros**: após a tributação e o lançamento, o lucro do exercício foi transportado para o BP na conta do Grupo do Patrimônio Líquido (PL).

4.4 Demonstração dos Lucros ou Prejuízos Acumulados (DLPA)

A elaboração da Demonstração dos Lucros ou Prejuízos Acumulados (DLPA) é obrigatória pela Lei n. 6.404/1976:

> Art. 186 A demonstração de Lucros ou prejuízos acumulados discriminará:
>
> I. o saldo do início do período, os ajustes de exercícios anteriores e a correção monetária do saldo inicial;
>
> II. as reversões de reservas e o lucro líquido do exercício;
>
> III. as transferências para reservas, os dividendos, a parcela dos lucros incorporada ao capital e o saldo ao final do período. (Brasil, 1976)

No que diz respeito ao item I, vale lembrar que a correção monetária foi extinta pela Lei n. 9.249, de 26 de dezembro de 1995, no seu art. 4: "Parágrafo Único – Fica vedada a utilização de qualquer sistema de correção monetária de demonstrações financeiras, inclusive para fins societários" (Brasil, 1995).

Assim, apesar de ainda estar expressa na Lei n. 6.404/1976, não se usa mais a correção monetária.

A elaboração da DLPA deve ser feita após a elaboração dos BP, momento em que todos os devidos ajustes já foram realizados. O ajuste de exercícios anteriores considera apenas aqueles decorrentes de efeitos de mudança de critério contábil, ou de retificação de erro imputável ao exercício anterior, sendo que os demais ajustes devem ser integrados ao resultado do exercício.

A DLPA possibilita a evidenciação do lucro no período, bem como a distribuição de todas as movimentações ocorridas no saldo da conta de Lucros ou Prejuízos Acumulados. A DLPA, de acordo com o art. 186, parágrafo 2º, da Lei n. 6.404/1976, poderá ser incluída na Demonstração das Mutações do Patrimônio Líquido. As contas que compõem a DLPA estão expostas no Quadro 4.2.

Quadro 4.2 – Estrutura da DLPA

DEMONSTRAÇÃO DE LUCROS OU PREJUÍZOS ACUMULADOS		
CONTAS	**31/12/20XX$_0$**	**31/12/20XX$_1$**
Saldo no Início do Período		
(+) Reversões de Reservas		
Reservas de Contingências		
Reservas de Lucros a Realizar		
Reservas de Reavaliação		
(–) Tributos s/Res. Reavaliação		
(–) Participações s/Res. Reavaliação		
Lucro Líquido do Exercício (ou Prejuízo)		
(=) Saldo à Disposição da Assembleia Geral Ordinária/Extraordinária		
(–) Destinações		
Reserva Legal		
Dividendo Preferencial		
Reservas de Lucros a Realizar		
Reservas de Contingências		
Reservas de Incentivos Fiscais		
Dividendo Ordinário		
Reserva Estatutária		
Reserva de retenção de lucros		
(=) Saldo no final do período		
Dividendo por ação		

Fonte: Adaptado de Gelbcke et al., 2013, p. 647.

4.5 Demonstração do Fluxo de Caixa (DFC)

A Lei n. 11.638, de 28 de dezembro de 2007, que alterou a Lei n. 6.404/1976, tornou a Demonstração de Fluxo de Caixa (DFC) uma demonstração obrigatória e que deve ser elaborada segundo o CPC 03 (CPC, 2015b), fundamentado na norma internacional de Contabilidade IAS 7 (*Statments of Cash Flows*).

O objetivo da DFC é disponibilizar informações ao usuário sobre o fluxo de caixa da empresa – entradas e saídas de recursos da entidade entre outros eventos – e principalmente sobre:

- a capacidade de geração de recursos;
- a necessidade ou a demanda de caixa;
- os efeitos dos investimentos e financiamentos.

A DFC é um relatório que demonstra a origem (que são as atividades de financiamentos) e a aplicação dos recursos (que são as atividades de investimentos captados num determinado período) e também o resultado do fluxo financeiro, ou seja, o fluxo das atividades ou as atividades operacionais. Resumindo, a DFC é um relatório mais detalhado, pois deve contemplar três atividades: operacionais, investimentos e financiamentos. O Quadro 4.3 detalha melhor esses aspectos.

Quadro 4.3 – Demonstração do Fluxo de Caixa por atividades

Demonstração do Fluxo de Caixa por atividades		
Operacionais	**Investimentos**	**Financiamentos**
Refere-se à produção e à entrega de Bens e Serviços. Exemplo: Recebimento de Vendas à Vista etc.	Refere-se ao aumento ou à diminuição de Ativos de longo prazo, utilizados na produção de Bens e Serviços. Exemplo: Máquinas etc.	Refere-se aos empréstimos de credores e investidores. Exemplo: Debêntures, Vendas de Ações Emitidas etc.

Fonte: Adaptado de Gelbcke et al., 2013, p. 653.

A Figura 4.4 ilustra os dois métodos pelos quais a DFC pode ser elaborada.

Figura 4.4 – Métodos do Fluxo de Caixa

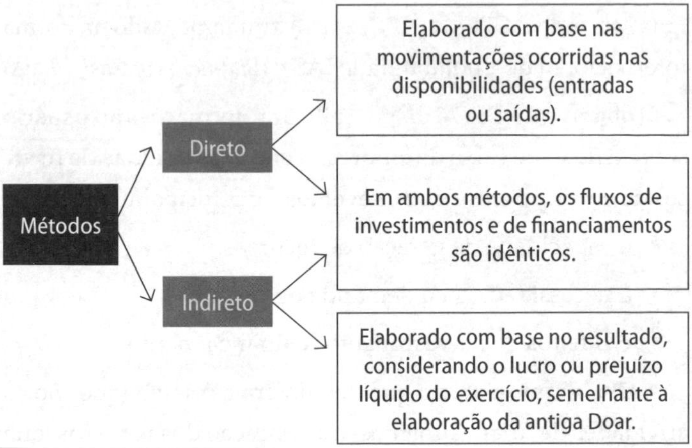

Nas normas brasileiras, não há encorajamento à utilização do método direto. Caso a empresa o utilize, é preciso fazer notas explicativas, por isso as organizações optam pelo método indireto, que o CPC implicitamente prioriza.

Tabela 4.8 – Exemplo de elaboração de fluxo de caixa pelo método direto

EMPRESA FICTÍCIA LTDA. **CNPJ: 00.000.000/0001-10** **DEMONSTRAÇÃO DO FLUXO DE CAIXA PELO MÉTODO DIRETO 20X_0**		
Fluxo de caixa das atividades operacionais		
Recebimento de clientes	60.300,00	
Pagamentos de fornecedores e empregados	(55.200,00)	
Caixa gerado pelas operações	5.100,00	
Juros Pagos	(540,00)	
Imposto de Renda (IR) e Contribuição Social sobre o Lucro Líquido (CSLL)	(1.600,00)	
Imposto de Renda na fonte sobre dividendos recebidos	(200,00)	
(=) Caixa líquido das atividades operacionais		**2.760,00**

(continua)

(*Tabela 4.8 – conclusão*)

EMPRESA FICTÍCIA LTDA. **CNPJ: 00.000.000/0001-10** **DEMONSTRAÇÃO DO FLUXO DE CAIXA PELO MÉTODO DIRETO 20X$_0$**		
Fluxo de caixa das atividades de investimentos		
Aquisição de Imobilizado	(1.800,00)	
Alienação de Imobilizado	500,00	
Juros recebidos	170,00	
Dividendos recebidos	170,00	
(=) Caixa líquido das atividades de investimentos		**(960,00)**
Fluxo de caixa das atividades de financiamentos		
Integralização de capital	500,00	
Recebimento de empréstimo de longo prazo	500,00	
Juros pagos por empréstimos	(180,00)	
Pagamentos de lucros e dividendos	(2.400,00)	
(=) Caixa líquido das atividades de financiamentos		**(1.580,00)**
Aumento líquido de caixa e equivalentes de caixa		220,00
Saldo inicial de caixa		240,00
Saldo final de caixa		480,00

Fonte: Adaptado de Gelbcke et al., 2013, p. 664.

Tabela 4.9 – Exemplo de elaboração de fluxo de caixa pelo método indireto

EMPRESA FICTÍCIA LTDA. **CNPJ: 00.000.000/0001-10** **DEMONSTRAÇÃO DO FLUXO DE CAIXA PELO MÉTODO INDIRETO 20X$_0$**		
Fluxo de caixa das atividades operacionais		
Lucro Líquido antes do IR e CSLL	6.700,00	
Ajuste por:		
Depreciação	900,00	
Perda Cambial	80,00	
Resultado de Equivalência Patrimonial	(1.000,00)	
Despesas de Juros	800,00	
	7.480,00	
Aumento nas contas a receber de clientes e outros	(1.000,00)	
Diminuição nos Estoques	2.100,00	
Diminuição nas Contas a Pagar (fornecedores)	(3.480,00)	

(*continua*)

(Tabela 4.9 – conclusão)

EMPRESA FICTÍCIA LTDA. **CNPJ: 00.000.000/0001-10** **DEMONSTRAÇÃO DO FLUXO DE CAIXA PELO MÉTODO INDIRETO 20X$_0$**		
Caixa Gerado pelas operações	5.100,00	
Juros pagos	(540,00)	
Imposto de Renda (IR) e Contribuição Social sobre o Lucro Líquido(CSLL)	(1.600,00)	
Imposto de Renda (IR) na fonte sobre dividendos recebidos	(200,00)	
(=) Caixa líquido das atividades operacionais		**2.760,00**
Fluxo de caixa das atividades de investimentos		
Aquisição de Imobilizado	(1.800,00)	
Alienação de Imobilizado	500,00	
Juros Recebidos	170,00	
Dividendos Recebidos	170,00	
(=) Caixa líquido das atividades de investimentos		**(960,00)**
Fluxo de caixa das atividades de financiamentos		
Integralização de capital	500,00	
Recebimento de empréstimo de longo prazo	500,00	
Juros pagos por empréstimos	(180,00)	
Pagamentos de lucros e dividendos	(2.400,00)	
(=) Caixa líquido das atividades de financiamentos		**(1.580,00)**
Aumento líquido de caixa e equivalentes de caixa		220,00
Saldo inicial de caixa inicial		240,00
Saldo final de caixa		480,00

Fonte: Adaptado de Gelbcke et al., 2013, p. 664.

Nos exemplos demonstrados nas Tabelas 4.8 e 4.9, tanto a empresa quanto os valores são fictícios e foram criados apenas para demonstrar, de forma prática, como elaborar a demonstração pelos dois métodos, evidenciando as diferenças entre eles.

4.6 Demonstração do Valor Adicionado (DVA)

O Pronunciamento Técnico CPC 09 (CPC, 2015b) determina:

> Valor Adicionado representa a riqueza criada pela empresa, de forma geral medida pela diferença entre o valor das vendas e os insumos adquiridos de terceiros. Inclui também o valor adicionado recebido em transferência, ou seja, produzidos por terceiros e transferidos à entidade.

O CPC 09 (2015b), aprovado pela Comissão de Valores Mobiliários (CVM) por meio da Deliberação CVM n. 557, de 12 de novembro de 2008 (CVM, 2008a), e pelo Conselho Federal de Contabilidade (CFC), foi aprovado pela Resolução CFC n. 1.138, de 21 de novembro de 2008 (CFC, 2008), que também aprovou a NBC T 3.7 – Demonstração do Valor Adicionado.

A Demonstração do Valor Adicionado (DVA) foi incluída pela Lei n. 11.638/2007, que alterou também o art. 176 da Lei n. 6.404/1976 e tornou obrigatória a sua apresentação somente para companhias de capital aberto. Conforme o Manual da Contabilidade Societária (Gelbcke et. al., 2013), essa demonstração tem como objetivo principal o fornecimento de informações sobre os valores da riqueza criada pela empresa e sobre a forma da sua distribuição entre os setores que contribuíram direta ou indiretamente para a sua geração (como fornecedores, acionistas, funcionários etc.); portanto, evidencia de forma concisa todos os dados e informações da riqueza gerada, bem como a sua distribuição pela entidade num determinado período.

A elaboração e publicação da DVA é anual, feita ao final de cada exercício e juntamente com as outras Demonstrações Contábeis.

IMPORTANTE

O Pronunciamento Técnico CPC – PME Contabilidade (CPC, 2015a) para pequenas e médias empresas não contém disposições específicas sobre a DVA; pela legislação brasileira, ela não é exigida dessas entidades.

No Quadro 4.4, você poderá ver algumas das principais diferenças entre a DVA e a DRE.

Quadro 4.4 – Comparação entre DVA e DRE

Demonstração do Valor Adicionado (DVA)	Demonstração do Resultado do Exercício (DRE)
Está direcionada à apresentação da geração de riquezas e suas respectivas distribuições pelos fatores de produção (capital e trabalho) e ao governo; consequentemente, suas informações são direcionadas a todos os agentes econômicos interessados na empresa, por exemplo: empregados, clientes, fornecedores, financiadores e governo.	Suas informações são direcionadas aos sócios e acionistas, principalmente no que tange à apresentação do Lucro Líquido.
Por exemplo: os salários, independentemente da natureza, custos ou despesas, correspondem ao valor adicionado destinado aos empregados.	Por exemplo: os salários dos funcionários envolvidos no processo produtivo são considerados custos, e os salários dos funcionários da administração são considerados despesas.
Pode-se dizer que o DVA utiliza o critério do Benefício da Renda.	Pode-se dizer que o DRE utiliza o critério da Natureza da Despesa.

Fonte: Adaptado de Gelbcke et al., 2013, p. 668.

A utilidade dessa demonstração é a identificação e a divulgação do quanto a atividade da empresa gera de recursos adicionais para a economia local, como e para quem distribui. O Quadro 4.5 é uma síntese da importância da demonstração, apresentando como ela deve ser elaborada.

Quadro 4.5 – Explicativo da DVA

Demonstração do Valor Adicionado – DVA	
Importância das informações	**Elaboração e apresentação**
• Analisar a capacidade de geração do valor e a forma de distribuição das riquezas de cada empresa. • Permitir a análise do desempenho econômico da empresa. • Auxiliar no cálculo do PIB e de indicadores sociais. • Fornecer informações sobre os benefícios (remunerações) obtidos por cada um dos fatores de produção (trabalhadores e financiadores, acionistas ou credores) e governo. • Auxiliar a empresa a informar sua contribuição na formação da riqueza à região, Estado, país etc. em que se encontra instalada.	• Elaborada com base no princípio contábil da competência. • Apresentada de forma comparativa (período atual e anterior). • Elaborada com base nas demonstrações consolidadas, e não pelo somatório das DVAs individuais, no caso da divulgação da DVA consolidada. • Incluir participação dos acionistas não controladores no componente relativo à distribuição do valor adicionado, no caso da divulgação da DVA consolidada. • Consistente com a demonstração do resultado e conciliada em registros auxiliares mantidos pela entidade. • Ser objeto de revisão ou auditoria se a entidade possuir auditores externos independentes que revisem ou auditem suas Demonstrações Contábeis.

Fonte: Adaptado de Gelbcke et al., 2013, p.668.

Segundo o CPC 09 (CPC, 2015b), a DVA é elaborada com a extração de dados constantes na DRE e obedece ao Regime de Competência. O Quadro 4.6 apresenta um modelo de estrutura da DVA, onde se pode observar que a maioria dos dados são os constantes na DRE.

Quadro 4.6 – Modelo de Demonstração do Valor Adicionado (DVA)

DESCRIÇÃO	Em milhares de reais	Em milhares de reais
	20XX$_1$	20XX$_0$
1 – RECEITA		
1.1 Venda de mercadorias, produtos e serviços		
1.2 Outras receitas		
1.3 Receitas relativas à construção de ativos próprios		
1.4 Perdas estimadas em créditos de liquidação duvidosa		
1.5 Reversão (Constituição)		
2 – INSUMOS ADQUIRIDOS DE TERCEIROS (Inclui os valores dos impostos – ICMS, IPI, PIS e Cofins)		
2.1 Custos de produtos, das mercadorias e dos serviços vendidos		
2.2 Materiais, energia, serviços de terceiros e outros		
2.3 Perda/Recuperação de valores ativos		
2.4 Outras (especificar)		
3 – VALOR ADICIONADO BRUTO (1-2)		
4 – DEPRECIAÇÃO, AMORTIZAÇÃO E EXAUSTÃO		
5 – VALOR ADICIONADO LÍQUIDO PRODUZIDO PELA ENTIDADE (3-4)		
6 – VALOR RECEBIDO EM TRANSFERÊNCIA		
6.1 Resultado de equivalência patrimonial		
6.2 Receitas financeiras		
6.3 Outras		
7– VALOR ADICIONADO A DISTRIBUIR (5+6)		
8 – DISTRIBUIÇÃO DO VALOR ADICIONADO		
8.1 Pessoal		
8.1.1 Remuneração direta		
8.1.2 Benefícios		
8.1.3 FGTS		
8.2 Impostos, taxas e contribuições		
8.2.1 Federais		
8.2.2 Estaduais		
8.2.3 Municipais		
8.3 Remuneração de capitais de terceiros		
8.3.1 Juros		
8.3.2 Alugueis		
8.3.3 Outras		
8.4 Remuneração de capital próprio		
8.4.1 Juros sobre o capital próprio		
8.4.2 Dividendos		
8.4.3 Lucros Retidos/Prejuízo do exercício		
8.4.4 Participação dos não controladores nos Lucros Retidos (só para consolidação)		

Observação: O total do item 8 deve ser igual ao item 7.

Fonte: Adaptado de Gelbcke et al., 2013, p. 669.

Síntese

Ao elaborarmos este capítulo, procuramos contemplar de forma sucinta e concisa as Demonstrações Contábeis, mas somente aquelas exigidas na Lei n. 6.404/1976, em consonância com as demais legislações societárias. Como se pode verificar, são cinco as demonstrações exigidas pela legislação: Balanço Patrimonial (BP), Demonstração dos Lucros ou Prejuízos Acumulados (DLPA), Demonstração de Resultado do Exercício (DRE), Demonstração do Fluxo de Caixa (DFC) e, caso seja uma companhia aberta, Demonstração do Valor Adicionado (DVA).

Ressalta-se que todas as demonstrações possuem dados extraídos de fatos contábeis registrados pela empresa por meio da contabilidade financeira. As informações devem ser importantes tanto para a contabilidade fiscal quanto para a contabilidade gerencial, pois por meio dessas informações o gestor ganha mais recursos para a tomada de decisão mais adequada para a empresa.

Enfatizamos as demonstrações contábeis pela sua relevância aos seus diversos usuários, além de contemplar as exigências legais estabelecidas pelos órgãos reguladores.

Perguntas & respostas

1. **Se você se deparasse com uma demonstração na qual está faltando o saldo inicial de caixa, e considerando que permeiam dúvidas com relação a esse valor, como você determinaria o saldo? Para responder a essa questão, observe as informações que possuímos na demonstração a seguir e reflita sobre como poderíamos calcular o saldo inicial com base no saldo final.**

Tabela 4.10 – Demonstração

EMPRESA: MODELO LTDA. DEMONSTRAÇÃO DO FLUXO DE CAIXA em 31/01/2014	
SALDO INICIAL DE CAIXA	
Fluxo operacional	
Duplicatas	18.400,00
Estoques	(14.000,00)
Outras contas	(4.460,00)
Fluxo de investimentos	
Imobilizado	(8.000,00)
Fluxo de financiamentos	
Títulos	5.000,00
Financiamentos	4.000,00
Total das entradas	(27.400,00)
Total das saídas	(26.460,00)
SALDO FINAL DE CAIXA	**2.800,00**

SALDO INICIAL = SALDO FINAL – (ENTRADAS – SAÍDAS)

SALDO INICIAL = 2.800,00 – (27.400 – 26.460)

SALDO INICIAL = 2.800,00 – 940,00

SALDO INICIAL = 1.860,00

2. **Tanto no método direto quanto no método indireto, o fluxo de caixa deve ser segregado por grupos de movimentações financeiras de natureza similar, para permitir uma análise mais adequada da geração de lucro e de caixa e da movimentação financeira do período. Considerando esse fato, descreva o método indireto do fluxo de caixa.**

O método indireto do fluxo de caixa evidencia a movimentação do saldo de caixa do período, partindo da geração do caixa por meio da Demonstração de Resultados e das variações dos elementos patrimoniais do balanço que geram caixa ou necessitam dela.

Consultando a legislação

Neste capítulo, além de utilizar a Lei n. 6.404/1976, alterada pela Lei n. 11.638/2007 e pela Lei n. 11.941/2009, e pela recente Lei n. 12.973/2014, que norteia todos os mecanismos contábeis para que a contabilidade atinja seus objetivos, foi necessária a utilização de diversas deliberações do Comitê de Pronunciamentos Contábeis (CPC), que orientam os procedimentos contábeis de acordo com as legislações vigentes também adequadas às Normas Internacionais de Contabilidade. Ressaltamos que todas as orientações do CPC encontram-se no Manual de Contabilidade; as demais legislações aqui utilizadas estão referenciadas no final desta obra.

Questões para revisão

1. Elabore, no final do exercício, o Balancete de Verificação (BV) com as contas e saldos apresentados.

EMPRESA FICTÍCIA LTDA.
CNPJ: 00.000.000/0001-01
ROL DAS CONTAS DO BALANCETE EM 31/12/20XX

01	Provisão para Crédito de Liquidação Duvidosa	3.000,00
02	Bancos Conta Movimento	17.875,00
03	Encargos de Depreciação	32.000,00
04	Empréstimos	50.000,00
05	Conta Mercadorias	42.500,00
06	Capital Social	105.000,00
07	Móveis e Utensílios	280.000,00
08	ICMS a Recolher	7.500,00
09	Custo das Mercadorias Vendidas (CMV)	212.500,00
10	Salários e Ordenados	10.000,00
11	Contribuições de Previdência	3.750,00
12	Despesas com Créditos de Liquidação Duvidosa	3.500,00

(continua)

(conclusão)

EMPRESA FICTÍCIA LTDA.
CNPJ: 00.000.000/0001-01
ROL DAS CONTAS DO BALANCETE EM 31/12/20XX

13	Depreciação Acumulada	44.800,00
14	Retenção de Lucros	51.200,00
15	Venda de Mercadorias	352.000,00
16	Impostos e Taxas	2.200,00
17	PIS e Cofins	8.625,00
18	ICMS sobre Vendas	52.500,00
19	Pró-labore	7.600,00
20	Fornecedores	157.750,00
21	PIS e Cofins a Recolher	1.800,00
22	Duplicatas a Receber	100.000,00

2. Os valores das contas a seguir referem-se aos saldos registrados no Livro Razão da empresa Fictícia Ltda., em 31/12/2012, com vistas à apuração do resultado do exercício.

EMPRESA FICTÍCIA LTDA.
CNPJ: 00.000.000/0001-01
ROL DAS CONTAS DO BALANCETE EM 31/12/2012

01	ICMS sobre Compras	400,00
02	Frete sobre Compras	300,00
03	Frete sobre Vendas	800,00
04	Cofins	1.100,00
05	PIS sobre o Faturamento	400,00
06	Salários e Ordenados	2.000,00
07	Clientes	4.500,00
08	ICMS a Recolher	1.450,00
09	Compra de Mercadorias	3.600,00
10	FGTS	950,00
11	Conta Mercadorias	1.500,00
12	Fornecedores	3.155,00
13	ICMS sobre Vendas	2.100,00
14	Juros Passivos	400,00
15	Aluguéis Ativos	460,00
16	Duplicatas Descontadas	4.000,00
17	Venda de Mercadorias	12.640,00

Em inventário realizado em 31/12/12, verificou-se a existência de mercadorias no valor de R$ 1.000,00. Considerando que na relação de saldos estão indicadas todas as contas que formam o resultado dessa empresa, calcule o DRE de 2012.

3. Considere as assertivas em relação à Demonstração dos Fluxos de Caixa (DFC), que teve sua obrigatoriedade instituída pela Lei 11.638/2007:

   I. Evidencia a capacidade da empresa de gerar caixa e também demonstra a necessidade de caixa para o desenvolvimento de suas atividades.
   II. Contempla três relatórios distintos: Atividades Operacionais, Atividades de Financiamentos e Atividades de Investimentos.
   III. Revela a Receita Líquida das Vendas e Serviços; o Custo das Mercadorias e Serviços Vendidos; e o Lucro Bruto.
   IV. Pode ser elaborada pelos métodos diretos e indiretos.

   Está correto o que se afirma em:

   a) I, II, IV.
   b) III, IV.
   c) II, III, IV.
   d) IV apenas.

4. O fechamento do exercício financeiro consiste na condensação de todas as informações produzidas em um determinado período em relatórios ordenados que facilitem a interpretação e a utilização dessas informações. De acordo com a Lei n. 6.404/1976, a diretoria fará a elaboração das seguintes demonstrações financeiras:

   a) Balanço Patrimonial; Demonstração dos Lucros ou Prejuízos Acumulados; Demonstração do Resultado do Exercício; Demonstração das Origens e Aplicações de Recursos; e Demonstração das Mutações do Patrimônio Líquido.

b) Balanço Patrimonial; Demonstração dos Lucros ou Prejuízos Acumulados; Demonstração do Resultado do Exercício; Demonstração dos Fluxos de Caixa; e, se companhia aberta, Demonstração do Valor Adicionado.
c) Balanço Patrimonial; Demonstração dos Lucros ou Prejuízos Acumulados; Demonstração do Resultado do Exercício; Demonstração dos Fluxos de Caixa; e Demonstração do Valor Adicionado.
d) Balanço Patrimonial; Demonstração dos Lucros ou Prejuízos Acumulados; Demonstração do Resultado do Exercício; Demonstração das Origens e Aplicações de Recursos; e, se companhia aberta, Demonstração das Mutações do Patrimônio Líquido.

5. Com relação à definição da Demonstração do Valor Adicionado, assinale o item correto:

a) A Demonstração do Valor Adicionado representa as vendas da empresa, de forma geral medida pela diferença entre o valor das perdas e os insumos adquiridos de terceiros. Inclui também o valor adicionado recebido em transferência, ou seja, produzidos por terceiros e transferidos à entidade.
b) A Demonstração do Valor Adicionado representa a riqueza criada pela empresa, de forma geral medida pela diferença entre o valor das vendas e os insumos adquiridos de terceiros. Inclui também o valor adicionado recebido em transferência, ou seja, produzido por terceiros e transferido à entidade.
c) A Demonstração do Valor Adicionado equivale às perdas criadas pela empresa, de forma geral medida pela diferença entre o valor das vendas e os insumos adquiridos de terceiros. Inclui também o

valor adicionado recebido em transferência, ou seja, produzido por terceiros e transferido à entidade.

d) A Demonstração do Valor Adicionado representa os ganhos recebidos pela empresa, de forma geral medidos pela diferença entre o valor das compras e os insumos adquiridos de terceiros. Inclui também o valor adicionado recebido em transferência, ou seja, produzido por terceiros e transferido à entidade.

Questões para reflexão

1. Segundo a teoria personalista, como são classificadas as contas?

2. De acordo com a teoria personalista, quais contas compõem as Contas do Proprietário?

3. Quais elementos devem compor um Plano de Contas?

4. Discorra acerca do Capital Social.

5. Na escrituração do Livro Diário, a formalidade intrínseca prevista para os livros obrigatórios refere-se a quê?

Saiba mais

Frezatti, F. **Gestão do fluxo de caixa diário**. São Paulo: Atlas, 2011.

O livro aborda a ferramenta do fluxo de caixa e sua relevância para as organizações.

Santos, J. L. dos; Schmidt, P. **Contabilidade societária**. 3. ed. São Paulo: Atlas, 2009.

O livro trata de aspectos contábeis relacionados a Lançamentos, Plano de Contas e Demonstrações Contábeis, ou seja, trata da contabilidade financeira.

5

Sistemas empresariais e processo de gestão

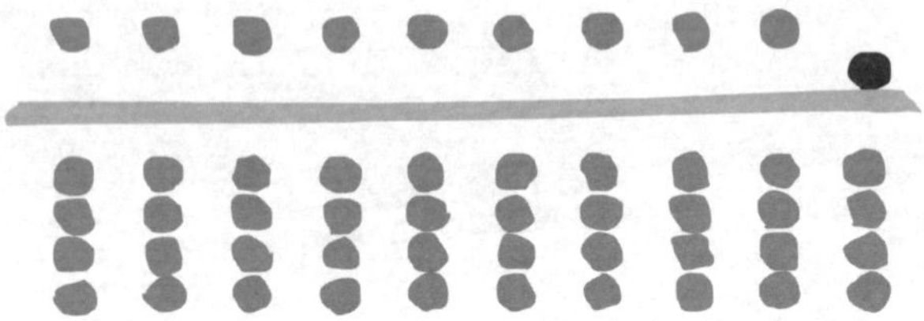

Conteúdo do capítulo

- Conceito de sistemas.
- Classificação dos sistemas.
- Subsistemas empresariais.
- Eficiência e eficácia empresarial.
- Conceito de modelo de gestão.
- Processo de gestão.
- Processo de tomada de decisão.

Após o estudo deste capítulo, você será capaz de:

1. compreender o conceito de sistemas e suas características;
2. classificar os sistemas;
3. entender as especificidades dos subsistemas empresariais;
4. distinguir os conceitos de eficácia e eficiência empresarial;
5. compreender os preceitos dos processos de gestão e tomada de decisão.

Para que as organizações garantam sua continuidade no mercado e se destaquem diante da concorrência, é fundamental prever os possíveis impactos e visualizar no ambiente externo as oportunidades. Desse modo, é necessário que os profissionais passem a compreender as diversas partes que compõem a entidade, considerando que, com base em uma visão sistêmica e conhecendo as partes que interagem no processo do negócio, o ambiente corporativo será mais propício à sinergia dos resultados, assegurando a eficácia e a maximização econômica.

Com o intuito de compreender o funcionamento do ambiente empresarial, é relevante entender o funcionamento dos sistemas tanto em uma perspectiva geral como em um foco mais específico, direcionado às organizações. Ao longo deste capítulo, apresentaremos os subsistemas empresariais que interagem diretamente com as organizações.

Paralelamente aos sistemas e subsistemas empresariais estão os conceitos de eficiência e eficácia, os quais, aliados à gestão empresarial e ao processo de gestão, contribuem para o equilíbrio e o alcance dos objetivos organizacionais.

5.1 Conceito de sistemas

Um ambiente complexo, caracterizado pelo dinamismo e por influências mútuas, representa os sistemas. De acordo com Beuren (2002, p. 15), em uma perspectiva geral, os sistemas caracterizam-se pela "reunião de elementos que interagem entre si ou desse conjunto com outros por meio de uma estrutura organizada, com vistas a um ou mais propósitos definidos".

A Figura 5.1 representa o funcionamento básico dos sistemas. As etapas que compõem esse processo são: entrada, processamento e saída. A entrada caracteriza-se pelo ingresso dos recursos, sejam eles tangíveis ou não. Na sequência, ocorre o processamento dos dados que foram inseridos pela empresa. Por fim, obtém-se a saída, obtendo como resultado final, os produtos, os bens e os serviços.

Figura 5.1 – Funcionamento básico dos sistemas

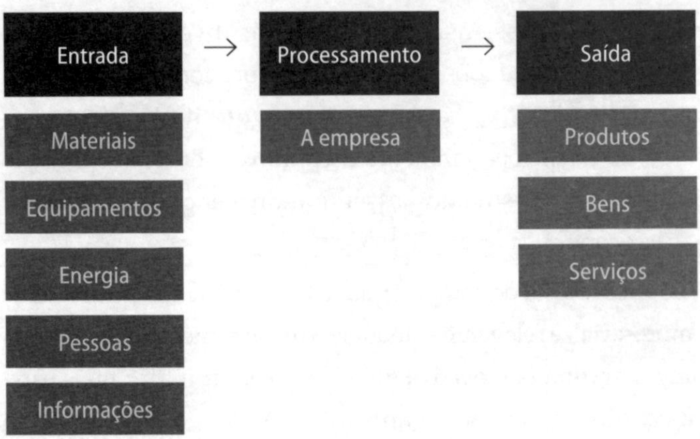

Fonte: Adaptado de Padoveze, 2004, p. 14.

Quanto às características dos sistemas, eles:

- compõem-se de partes ou elementos que se relacionam de forma a constituir um todo;
- possuem um objetivo ou uma razão que integra e justifica a reunião de suas partes; e
- delimitam-se em determinado contexto, apesar da possibilidade de serem decompostos ou compostos de forma a permitir o estudo de suas interações com elementos externos ou entre elementos internos. (Pereira, 2001a, p. 37)

Na ótica organizacional, "a empresa é um sistema em que há recursos introduzidos, que são processados, e há a saída de produtos ou serviços (Padoveze, 2004, p. 13). Nesse sentido, por meio dos sistemas de informações, as organizações podem compreender o real funcionamento de suas partes e, assim, potencializar seu desempenho.

Beuren (2002, p. 15) esclarece que "a empresa pode ser entendida como um sistema maior, que se relaciona com o ambiente onde está inserida e os diversos sistemas que a compõem". Isso porque a sociedade, as organizações e os indivíduos estão constantemente interagindo. Por exemplo: ao comprarmos um produto, estabelece-se uma relação entre o indivíduo e uma determinada empresa; na ótica da empresa, insere-se a relação cliente, fornecedor, funcionário, entre outras, sendo inúmeras as interações existentes.

A Figura 5.2 retrata o sistema empresa, que será discutido com mais profundidade na sequência do capítulo. Pelo desenho, podemos observar que são inúmeros os fatores de interação, os quais podem ainda ser classificados como pertencentes ao ambiente remoto ou ao ambiente próximo.

Figura 5.2 – Sistema empresa

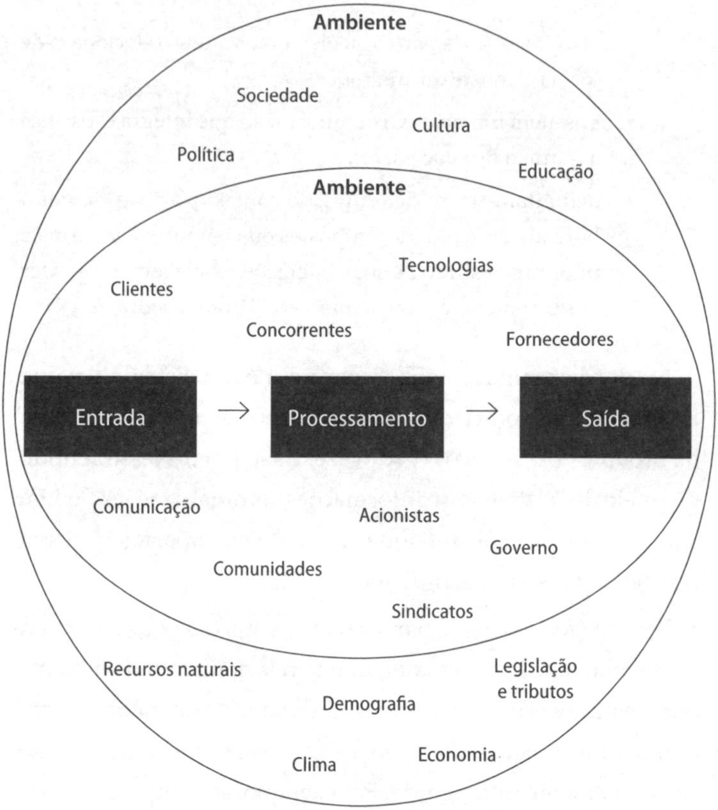

FONTE: Adaptado de Padoveze, 2004, p. 13.

De acordo com Pereira (2001a, p. 42), o ambiente remoto é constituído por "entidades que, embora possam não se relacionar diretamente com ela, possuem autoridade, domínio ou influência suficientes para definir variáveis conjunturais, regulamentares e outras condicionantes da sua atuação". Já o ambiente próximo refere-se às entidades que formam o segmento de atuação, por exemplo, fornecedores, clientes, governo, entre outros. Quanto ao segmento de atuação, Pereira (2001a, p. 43, grifo do original) define que segmento é o "conjunto de atividades que constituem determinado estágio de um *ciclo econômico*, que vai desde a obtenção dos insumos necessários às atividades dos participantes desse ciclo até o consumo final dos produtos e serviços gerados".

Com base nisso, observamos que os ambientes remoto e próximo apresentam características distintas; todavia, no ambiente empresarial ocorre uma interação entre eles.

5.2 Classificação dos sistemas

Os sistemas podem ser classificados quanto à capacidade de interação com o ambiente e quanto à capacidade de modificar suas características com base na realização de alguma atividade fim. O Quadro 5.1 define cada uma das classificações e exemplifica os sistemas.

Quadro 5.1 – Classificação dos sistemas

Quanto à capacidade de interação com o ambiente	
Sistemas abertos	São capazes de interagir com seu ambiente, influenciando-o e, ao mesmo tempo, sendo por ele influenciado. Exemplo: seres vivos.
Sistemas fechados	Não são capazes de interagir com o ambiente, não realizando transações e trocas externas. Exemplo: relógio.
Quanto à capacidade de modificar suas características	
Sistemas estáticos	Não realizam atividade e, portanto, não modificam suas características ou estruturas e independem da ocorrência de eventos. Exemplo: sistema métrico.
Sistemas dinâmicos	Realizam atividade e, portanto, têm suas características alternadas conforme a ocorrência de eventos. Esses eventos podem decorrer tanto de atividades realizadas internamente quanto de suas interações com o ambiente. Exemplo: seres vivos.
Sistemas homeostáticos	Dispõem de um mecanismo que os caracteriza como estáticos em relação a seu ambiente externo, mas dinâmicos em relação a seu funcionamento. Exemplo: refrigerador.

Fonte: Adaptado de Pereira, 2001a, p. 38.

Considerando que já apresentamos o conceito, as características, o enfoque empresarial dos sistemas e suas classificações, na sequência evidenciaremos os subsistemas empresariais.

5.3 Subsistemas empresariais

O sistema empresa é um dos sistemas mais complexos. Dada a relevância do tema, Guerreiro (1989) desenvolveu uma tese na perspectiva conceitual dos modelos de sistema de informação e gestão. Na mesma ótica desse autor, Pereira (2001a) e Padoveze (2004) também escreveram sobre o assunto.

Considerando a visão desses autores, a teoria prevê a existência de seis subsistemas empresariais, a saber:

1. Subsistema institucional.
2. Subsistema físico.
3. Subsistema social.
4. Subsistema de gestão.
5. Subsistema formal.
6. Subsistema de informação.

A seguir, descreveremos as peculiaridades e a forma de atuação de cada subsistema empresarial. O **subsistema institucional** é constituído pelas crenças, pelos valores e pelas expectativas da organização. Esses elementos desdobram-se nas diretrizes da entidade, ou seja, correspondem à forma de atuação da empresa. Desse modo, o subsistema institucional influencia os demais subsistemas empresariais, além de proporcionar a interação da empresa com os demais sistemas externos a ela.

Para Pereira (2001a, p. 56), o **subsistema físico** "compreende todos os elementos materiais do sistema empresa, tais como: imóveis, instalações, máquinas, veículos, estoques etc., e os processos físicos das operações". Portanto, refere-se aos recursos físicos que a entidade possui à sua disposição.

O **subsistema social** relaciona-se diretamente com os seres humanos que compõem a organização e com a cultura organizacional. Inerente a esse sistema, destaque para as características de cada indivíduo, por exemplo: a motivação, a liderança, as necessidades, a criatividade, entre outros aspectos.

No **subsistema de gestão**, as decisões são efetivamente tomadas. Esse subsistema é orientado pelas fases de planejamento, execução e controle. Padoveze (2004, p. 18) apresenta os seguintes procedimentos como integrantes do subsistema de gestão:

- análise dos ambientes externo e interno;
- elaboração do planejamento estratégico;
- elaboração das diretrizes e políticas estratégicas;
- planejamento operacional;
- elaboração do plano operacional;
- programação das operações;
- aprovação do programa operacional;
- execução das operações e transações;
- controle;
- ações corretivas.

O **subsistema formal** compreende a estrutura administrativa. Nesse subsistema, as atividades são reunidas em setores, departamentos ou divisões. Portanto, nele as atividades são formalizadas e distribuídas aos responsáveis de cada setor.

O **subsistema de informação** é responsável por gerar informações que atendam ao processo de gestão empresarial, que podem ser: informações ambientais, operacionais e econômico-financeiras. Ressaltamos que as atividades desse subsistema empresarial se referem à entrada de dados no sistema, ao processamento dos dados e à geração de informações.

A Figura 5.3 representa os subsistemas empresariais discutidos anteriormente.

Figura 5.3 – Subsistemas empresariais

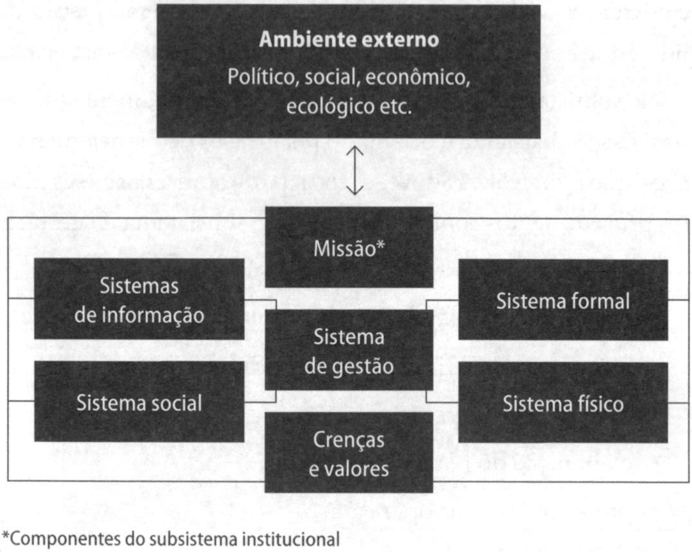

Fonte: Adaptado de Padoveze, 2004, p. 17.

5.4 Eficiência e eficácia empresarial

Os conceitos de eficiência e eficácia norteiam o ambiente empresarial. Considerando que a empresa atua como um sistema aberto e dinâmico, é relevante entendermos a diferença entre eficiência e eficácia, a fim de que possamos compreender a abordagem sistêmica corretamente. Tais conceitos relacionam-se diretamente, apesar de apresentarem finalidades específicas.

Para Nakagawa (1993, p. 3, grifo do original), a eficiência "é um conceito relacionado ao método, processo, operação, enfim, ao modo certo ou errado de fazer as **coisas** e que busca a obtenção do menor custo possível por unidade produzida e que esta é a ideia que está na base da filosofia dos padrões". Desse modo, a eficiência está atrelada à otimização dos recursos utilizados pela organização; já a eficácia está associada diretamente com a ideia de "resultados" e "produtos" decorrentes da atividade principal de uma empresa. A eficácia surge da comparação entre os "resultados" desejados (planejados) e os "resultados" realmente obtidos; por conseguinte, é uma preocupação relacionada não só com a área de preparação, como também de execução de planos operacionais. (Nakagawa, 1993, p. 29)

A eficácia associa-se, então, com o objetivo definido pelo sistema empresa; assim, se a entidade atinge sua meta estabelecida, ela está sendo eficaz. Padoveze (2004) enfatiza que o lucro é a principal forma de mensurar o grau de eficácia de uma empresa.

Portanto:

uma empresa para ser eficaz deve ser eficiente; eficácia é quando os objetivos preestabelecidos são atingidos como resultado da atividade ou do esforço; eficiência é a relação existente entre o resultado obtido e os recursos consumidos para conseguir aquele resultado. (Padoveze, 2004, p. 15)

Assim, para que a eficácia empresarial seja útil, é essencial que as entidades desenvolvam modelos capazes de mensurar seu grau de eficácia. Sobre isso, Pereira (2001a, p. 66) esclarece:

à aferição da eficácia do sistema empresa deverá constituir um mecanismo de *feedback*, por meio do qual o sistema receberá informação suficiente para se ajustar (em relação ao meio) ou ajustar suas partes (em relação ao todo), mantendo um equilíbrio (dinâmico e estacionário) que lhe assegure a continuidade.

O Quadro 5.2 compara os termos-chave *eficiência* e *eficácia* no contexto empresarial.

Quadro 5.2 – Comparação entre eficiência e eficácia

Eficiência	Eficácia
• Fazer as coisas de maneira adequada; • Resolver problemas; • Salvaguardar os recursos aplicados; • Cumprir o seu dever; • Reduzir os custos.	• Fazer as coisas certas; • Produzir alternativas criativas; • Maximizar a utilização de recursos; • Obter resultados; • Aumentar o lucro.

Fonte: Adaptado de Oliveira, 2001, p. 36.

NATUREZA DA EFICIÊNCIA E DA EFICÁCIA

Eficiência e eficácia são dois termos que os contadores gerenciais usam frequentemente. Cada um desses termos tem um significado muito especial.

Eficiência é característica que se refere à habilidade de um processo em alcançar seus objetivos. Por exemplo, suponha que o correio esteja usando uma máquina de selagem cuja margem de erro é de 3%. Esse correio compra uma máquina nova com o objetivo de reduzir o percentual de erro. O percentual de erro da nova máquina é de 1,5%. Porque a máquina realiza seu objetivo, ela é eficiente.

Eficácia é um processo característico que se refere a habilidade de usar um mínimo de recursos possível para fazer alguma coisa. Por exemplo, supondo que uma fábrica de aço usa 100 toneladas de aço bruto para fazer 80 toneladas de produto final e uma segunda fábrica de aço usa 90 toneladas de aço para fazer 80 toneladas do mesmo produto final. A segunda fábrica de aço é mais eficiente que a primeira, porque usa menos aço bruto para produzir o mesmo montante de produto final.

Eficiência e eficácia são questões muito diferentes que os administradores abordam diferentemente. Eficiência é determinada pelo projeto do processo que é avaliado e alterado periodicamente. A eficácia é determinada, em conjunto, pelo desenho do processo e como o processo opera diariamente.

Fonte: Atkinson et al., 2000, p. 87, grifo do original.

Após o esclarecimento dos conceitos de *eficácia* e *eficiência*, apresentaremos os modelos de gestão e de tomada de decisão.

5.5 Conceito de modelo de gestão

O conceito de modelo de gestão alinha-se principalmente a aspectos culturais, como as crenças e os valores que orientam os objetivos das entidades. De acordo com Padoveze (2004, p. 25), "Modelo de gestão é o produto do Subsistema Institucional e pode ser definido como o conjunto de normas e princípios que devem orientar os gestores na escolha das melhores alternativas para levar a empresa a cumprir sua missão com eficácia".

Pereira (2001a, p. 57-58) ressalta que "toda empresa possui um modelo de gestão, que se constitui de um conjunto de crenças e valores sobre a maneira de administrá-la". A cultura organizacional (crenças e valores) atua efetivamente na gestão das organizações. Por exemplo: há empresas que, por sua natureza, apresentam controles mais rígidos, o que reduz a subjetividade; por outro lado, existem organizações que possuem controles mais flexíveis, o que possibilita a constante inovação dos processos empresariais.

Padoveze (2004, p. 25) ressalta que o modelo de gestão ideal deve considerar os seguintes fatores:

- processo de gestão do sistema empresa – planejamento, execução, controle;
- avaliação de desempenho das áreas e dos gestores – responsabilidade pelos resultados das áreas sob seu comando;
- processo decisório – centralização ou descentralização;
- comportamento dos gestores – motivação, empreendedores.

Assim, o modelo de gestão ideal contribui para que o fluxo de tomada de decisão esteja alinhado aos planos da empresa e aos níveis hierárquicos existentes, ou seja, ao processo de gestão.

5.6 Processo de gestão

O processo de gestão ou processo decisório "deve assegurar que a dinâmica das decisões tomadas pela empresa conduzam-na efetivamente ao cumprimento de sua missão, garantindo-lhe a adaptabilidade e o equilíbrio necessários para sua continuidade" (Pereira, 2001a, p. 58).

Quanto à finalidade, o processo de gestão possibilita que a entidade atinja "seus resultados dentro de um conjunto coordenado de diretrizes, para atingir as metas e objetivos explicitados na declaração da visão empresarial" (Padoveze, 2004, p. 26).

Nesse sentido, pressupondo que o processo de gestão busca atingir os objetivos organizacionais por meio do cumprimento da missão empresarial, surgem os sistemas de informações, que são subsídios para o processo de gestão, considerando que são elementos de apoio, por possuírem informações operacionais, financeiras, patrimoniais, entre outras.

Na Figura 5.4 podemos observar as etapas que compõem o processo de gestão: planejamento, execução e controle. O planejamento subdivide-se em planejamento estratégico e planejamento operacional. O resultado da interação entre eles é a programação.

Figura 5.4 – Processo de gestão

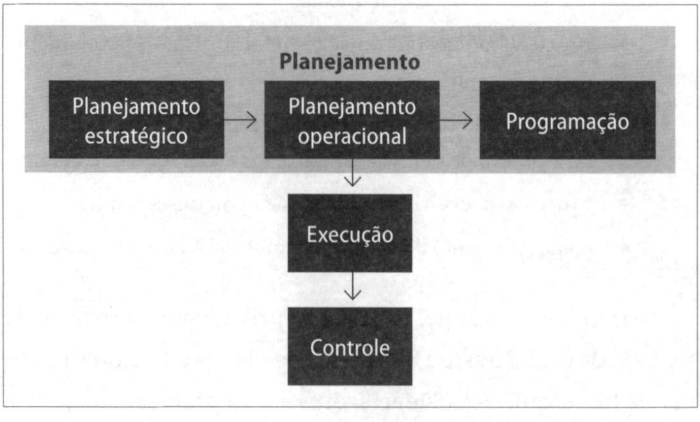

Fonte: Adaptado de Padoveze, 2004, p. 27.

De acordo com Pereira (2001a, p. 59), o **planejamento estratégico**:

> contempla o estabelecimento de cenários, a análise das variáveis do ambiente externo (identificação das oportunidades e ameaças) e do ambiente interno da empresa (identificação de seus pontos fortes e fracos) e a determinação das diretrizes estratégicas.

Para Libonati e Miranda (2002, p. 54), o planejamento estratégico considera:

> os objetivos gerais da empresa como um todo. O foco é a sobrevivência da empresa no longo prazo. Ele considera as variáveis ambientais (entre as quais estão: mercado, situação econômica, situação política, evolução do padrão de consumo e exigência dos consumidores). O objetivo do planejamento estratégico é maximizar a oportunidades e minimizar as ameaças para a empresa, escolhendo alternativas para o futuro. O resultado do planejamento estratégico é a definição das diretrizes, que deverão ser detalhadas e quantificadas através do planejamento operacional.

O planejamento estratégico refere-se à primeira etapa do processo de gestão. Nessa fase, a empresa estabelece suas estratégias com base em um estudo de cenários, internos e externos, com o intuito de realizar suas projeções e de se preparar para os fatos futuros que poderão ocorrer.

Segundo Padoveze (2003, p. 96), o planejamento estratégico fundamenta-se em identificar os seguintes aspectos:

- Como será o setor de atuação da empresa.
- Com quais mercados ela irá competir.
- Quais são os competidores no mercado.
- Quais produtos e serviços a empresa oferecerá.
- Quem são e como são os seus clientes.

- Que valor oferecerá a seus clientes através de seus produtos e serviços.
- Quais vantagens ela terá no longo prazo.
- Qual será ou deverá ser o seu porte.
- Qual será ou deverá ser a sua rentabilidade.
- Quanto será agregado de valor aos acionistas.

O **planejamento operacional** refere-se ao "detalhamento e quantificação das diretrizes definidas no planejamento estratégico" (Libonati; Miranda, 2002, p. 54). Nessa etapa, são definidos os planos, as políticas e os objetivos operacionais (Padoveze, 2005). Ressaltamos que o planejamento operacional deve estar alinhado ao planejamento estratégico.

Na etapa da **programação**, o planejamento é readequado aos anseios organizacionais. Tais ajustes são realizados em função das interferências ambientais inerentes à empresa (Padoveze, 2005).

A **execução** corresponde à efetivação das etapas, ou seja, é nessa etapa que acontece o processo de gestão. Por fim, na etapa do **controle**, deve-se verificar se o que foi planejado está ocorrendo efetivamente. Por meio de avaliações, é possível identificar as causas das divergências que poderão ocorrer ao longo do processo de gestão.

O Quadro 5.3 apresenta de forma resumida o processo de gestão empresarial, com foco nas fases, finalidades e no produto gerado em cada uma das etapas do processo.

Quadro 5.3 – Resumo do processo de gestão

Fases do processo	**Finalidade**	**Produto**
Planejamento Estratégico	Garantir a missão e a continuidade da empresa	Diretrizes e Políticas Estratégicas
Planejamento Operacional	Otimizar o resultado a médio prazo	Plano Operacional

(continua)

(*Quadro 5.3 – conclusão*)

Fases do processo	Finalidade	Produto
Programação	Otimizar o resultado a curto prazo	Programa Operacional
Execução	Otimizar o resultado de cada transação	Transação
Controle	Corrigir e ajustar para garantir a otimização	Ações Corretivas

Fonte: Padoveze, 2004, p. 29.

5.7 Processo de tomada de decisão

O processo de tomada de decisão, também denominado *resolução de problemas*, corresponde ao posicionamento do indivíduo a respeito de algo, ou seja, implica uma escolha entre várias possibilidades. Na perspectiva organizacional, compete aos gestores decidir ou escolher alguma alternativa para a empresa ou o caminho que ela deverá seguir. Tal decisão pondera os recursos disponíveis e as características da entidade.

Ao longo do processo de gestão (discutido anteriormente), insere-se o processo de tomada de decisão, tendo em vista que, no transcorrer das etapas de planejamento, execução e controle, decisões são tomadas a todo instante.

Padoveze (2004, p. 30, grifo do original) apresenta os seguintes elementos como integrantes do processo de tomada de decisão:

- **Objetivo**: resultado, atributo ou situação desejada, para os quais se pretende exercer alguma ação consequente.
- **Problema**: lacuna entre uma situação atual ou projetada e um objetivo. Entende-se por situação projetada aquela que pode ocorrer independentemente objetivo.
- **Resolução de problemas**: curso de ação que corrige a lacuna entre a situação atual ou projetada e o objetivo; aquilo que permite alcançar o objetivo.

- **Decisão**: escolha de um curso determinado de ação entre vários cursos de ação alternativos. O curso de ação escolhido pode compreender um conjunto de vários cursos de ação.

Nesse sentido, o processo decisório compreende as etapas ilustradas na figura a seguir.

Figura 5.5 – Etapas do processo decisório

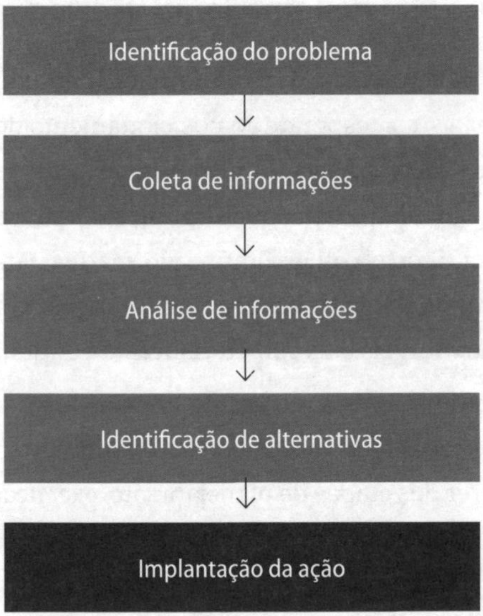

Fonte: Adaptado de Oliveira, 2001, p. 246.

A Figura 5.6 representa os elementos que compõem o processo de tomada de decisão.

Figura 5.6 – Elementos do processo de tomada de decisão

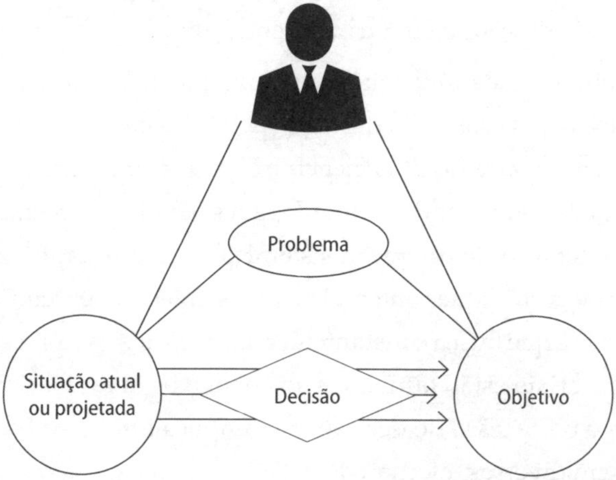

Fonte: Adaptado de Padoveze, 2004, p. 30.

Assim, para que os gestores tomem alguma decisão, inicialmente eles deverão traçar um objetivo a ser alcançado. Todavia, inerente ao objetivo, situações-problema existirão, em virtude da escassez de recursos; portanto, os gestores deverão buscar meios que resolvam ou minimizem os problemas. Como parte desse processo, está a tomada de decisão, ou seja, a escolha da melhor alternativa para a resolução dos problemas.

Síntese

Neste capítulo, inicialmente apresentamos o conceito de *sistemas*, enfatizando o seu funcionamento básico. As etapas que compreendem os sistemas podem ser assim distribuídas: entrada, processo e saída da informação. Além disso, ressaltamos a classificação dos sistemas, com destaque para os sistemas abertos e fechados.

No contexto empresarial, apresentamos os subsistemas que interagem com o ambiente organizacional: subsistema institucional, subsistema físico, subsistema social, subsistema de gestão, subsistema formal e subsistema de informação. Nesse contexto, observamos as peculiaridades e contribuições de cada subsistema para as entidades.

Ainda, considerando que as organizações buscam a otimização dos resultados e um destaque perante a concorrência, discutimos os conceitos de eficiência e eficácia empresarial, com o intuito de compreender a abordagem sistêmica corretamente. Nesse cenário de interação sistêmica, insere-se tanto o processo de gestão (que contempla o planejamento, a execução e o controle e que busca constantemente verificar se as atividades empresariais estão alinhadas aos objetivos organizacionais) quanto o processo de decisão, que implica uma escolha com base em diversas alternativas.

Dessa forma, podemos dizer que este capítulo serviu como "pano de fundo" para contextualizar as relações que ocorrem sobretudo no âmbito interno das organizações.

Perguntas & respostas

1. **Os sistemas de informações são compostos por quantas partes?**

   Por três partes:

   1. entradas, que são representadas pelos insumos;
   2. processamento, que representa as alterações ocorridas pela empresa;
   3. saída, que corresponde a produtos, bens e serviços.

2. **Por que os sistemas empresa são tão complexos?**

   A complexidade é decorrente de sua formação, ou seja, os sistemas empresa são compostos por outros subsistemas independentes e com forte papel organizacional.

Consultando a legislação

Este capítulo trata do usuário interno da organização. Nesse sentido, conforme demanda a legislação societária, é preciso seguir as orientações estabelecidas pelo Manual de Contabilidade Societária (Gelbcke et al., 2013), que discorre sobre a legislação de forma detalhada.

Questões para revisão

1. Entender a empresa como um sistema é entendê-la como um todo, analisando as partes ou os elementos que interagem com o propósito de agregar valor a um produto ou serviço. Nesse sentido, como ocorre o funcionamento básico do sistema empresa? Explique-o.

2. No contexto de competição acirrada em que as entidades estão inseridas, tornar-se mais produtivo é um tema corriqueiro. Ao falar em produtividade, inevitavelmente devemos levar em consideração os conceitos de eficiência e eficácia. Considerando que é comum confundir esses dois conceitos, compare os termos *eficiência* e *eficácia* no ambiente empresarial, enfatizando as principais diferenças entre eles.

3. Com relação aos subsistemas empresariais, assinale (V) para verdadeiro e (F) para falso:
   ( ) O subsistema institucional é constituído pelas crenças, valores e expectativas individuais dos funcionários.
   ( ) O subsistema físico compreende os recursos físicos que a entidade possui à sua disposição.
   ( ) O subsistema social relaciona-se com a motivação, a liderança, as necessidades e a criatividade dos indivíduos.

( ) O subsistema de gestão é orientado para as fases de identificação, execução e motivação.
( ) O subsistema formal compreende a estrutura administrativa.
( ) O subsistema de informação é responsável por gerar informações que atendam ao processo de gestão empresarial.

4. Considerando que o processo de gestão busca obter resultados da organização com base na coordenação, organização e direção dos trabalhos, relacione as fases do processo de gestão com as suas finalidades:

Elementos do processo de gestão	**Finalidade**
(A) Planejamento Estratégico	( ) Otimizar o resultado de cada transação.
(B) Planejamento Operacional	( ) Corrigir e ajustar para garantir a otimização.
(C) Programação	( ) Garantir a missão e a continuidade da empresa.
(D) Execução	( ) Otimizar o resultado a curto prazo.
(E) Controle	( ) Otimizar o resultado a médio prazo.

5. O processo decisório refere-se ao posicionamento do indivíduo em relação a alguma decisão, e essa tarefa, no mundo dos negócios, é atribuída aos gestores. Com relação aos elementos que integram o processo de tomada de decisão, temos os objetivos, o problema, a resolução de problemas e a decisão. Com base na definição desses elementos, relacione a primeira coluna com a segunda:

Elementos do processo decisório	**Finalidade**
(A) Objetivo	( ) Escolha de um curso determinado de ação entre vários cursos de ação alternativos. O curso de ação escolhido pode compreender um conjunto de vários cursos de ação.
(B) Problema	( ) Lacuna entre uma situação atual ou projetada e um objetivo. Entende-se por situação projetada aquela que pode ocorrer independentemente do objetivo.
(C) Resolução de problemas	( ) Curso de ação que corrige a lacuna entre a situação atual ou projetada e o objetivo; aquilo que permite alcançar o objetivo.
(D) Decisão	( ) Resultado, atributo ou situação desejada, para os quais se pretende exercer alguma ação consequente.

Questões para reflexão

1. O enfoque de sistemas se fundamenta no princípio de que as organizações, como os organismos, estão abertas ao seu ambiente, e isso é o que garante a possibilidade de que consigam sobreviver. Nesse sentido, reflita e apresente os principais *stakeholders* com os quais a empresa interage ao longo de suas atividades, enfatizando suas relações.

2. A definição de sistemas leva ao entendimento de que toda e qualquer organização é um sistema aberto e que a aplicação da visão sistêmica de organização explica a existência das interferências sofridas pelos ambientes externo e interno.

Sabendo que uma organização se encontra intimamente interligada a diversos elementos que influenciarão as decisões a serem tomadas, seja no dia a dia, seja a longo prazo, e ainda que as informações provenientes dos ambientes internos e externos são capazes de contribuir para a organização, reflita e comente sobre a atuação dos sistemas no processo de tomada de decisão.

3. Comente e reflita de que modo a organização, quando entendida como um sistema aberto, pode interagir com os diversos elementos que cercam seu ambiente.

4. Considerando a amplitudes dos sistemas de informações, reflita e apresente algumas definições sobre como os sistemas de informações podem ser compreendidos.

5. Ao discutirmos sobre os sistemas de informações, duas palavras são recorrentes: *dados* e *informação*. Pressupondo que tais palavras apresentam conceitos diferentes, reflita e apresente a diferença entre esses termos, fornecendo um exemplo de cada um deles.

Saiba mais

Dalmau, M. B. L.; Magalhães, T. G.; Souza, I. M. de. Gestão do conhecimento para tomada de decisão: um estudo de caso na empresa júnior. **Revista Gestão Universitária na América Latina-GUAL**, v. 7, n. 2, p. 108-129, 2014.

Esse trabalho investiga como as práticas de gestão de conhecimento na empresa dão suporte para o processo decisório.

Beuren, I. M.; Pereira, C. C. Fatores determinantes na escolha do sistema de custos para dar suporte ao processo de gestão: um estudo nas grandes empresas de Santa Catarina. **Revista Catarinense da Ciência Contábil**, v. 3, n. 9, p. 9-30, 2004.

Esse artigo analisa os fatores determinantes na escolha do sistema de custo nas grandes empresas de Santa Catarina, com vistas a dar suporte ao processo de gestão empresarial.

Toze, E. J.; Socreppa, B.; Casturino, V. Controle interno e sistemas de informação, no processo de gestão empresarial, aplicados a uma empresa de venda de combustíveis do município de Sinop-MT. **Contabilidade & Amazônia**, v. 6, n. 1, p. 92-111, 2013.

O objetivo desse estudo é demonstrar a importância da integração entre o sistema de informação e o controle interno da empresa, levando em conta as necessidades da empresa com relação às informações que ela precisa ter em mãos na hora de tomar decisões.

6

A controladoria e o seu papel de gestão

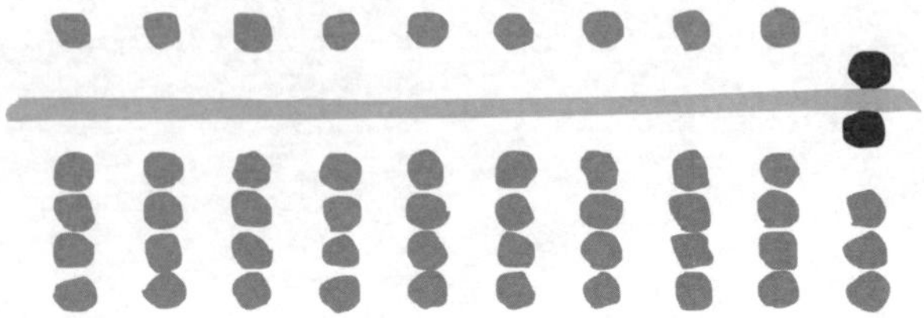

Conteúdos do capítulo

- Conceito de controladoria como ramo de conhecimento.
- Conceito de controladoria como órgão administrativo.
- Missão da controladoria.
- Funções da controladoria.
- Funções do *controller*.
- A controladoria na organização.

Após o estudo deste capítulo, você será capaz de:

1. distinguir os conceitos de controladoria como ramo de conhecimento e como órgão administrativo;
2. compreender a missão e as funções da controladoria;
3. entender as funções do *controller*;
4. compreender o funcionamento da controladoria no âmbito empresarial.

Após a Revolução Industrial, no final do século XIX, algumas empresas passaram por um processo de fusão, o que resultou no surgimento de grandes corporações. Esse novo cenário demandava controles mais rígidos tanto nas matrizes como nas filiais. Assim, no início do século XX, com a verticalização, diversificação e expansão geográfica, a controladoria surgiu, primeiramente nos Estados Unidos e, mais tarde, no Brasil, com a instalação de multinacionais norte-americanas.

Segundo Beuren e Lourensi (2011), a controladoria é uma área recente, sendo que diversos questionamentos ainda devem ser esclarecidos, sobretudo em relação ao seu conceito, sua função na gestão empresarial e seus procedimentos como órgão administrativo. Borinelli (2006, p. 322) complementa que ainda "há espaço para expandir e melhorar o entendimento da prática e da teoria da controladoria, tamanha é sua complexidade e abrangência".

Antes de entendermos o papel da controladoria na gestão das empresas, é importante compreender o seu significado. Para isso, é necessário entender o conceito de controladoria sob dois aspectos: como ramo de conhecimento e como órgão administrativo.

6.1 Conceito de controladoria como ramo de conhecimento

A controladoria como ramo de conhecimento também pode ser denominada *controladoria de campo*. Segundo Fisch e Mosimann (1999, p. 99), "a Controladoria pode ser conceituada como o conjunto de princípios, procedimentos e métodos oriundos das ciências da Administração, Economia, Psicologia, Estatística e principalmente da Contabilidade, que se ocupa da gestão econômica das empresas, com o fim de orientá-las para a eficácia".

Para esses autores, a controladoria é uma ciência independente e não deve ser confundida com a contabilidade nem com as outras áreas do saber. Nesse sentido, a controladoria, como ramo de conhecimento, apoia-se na teoria da contabilidade e na multidisciplinaridade para estabelecer as diretrizes dos sistemas de informação gerenciais, entre outras funções (Almeida; Parisi; Pereira, 2001).

Nessa perspectiva, Padoveze (2004, p. 3) define *controladoria* como a "Ciência Contábil evoluída"; essa evolução seria decorrente das inúmeras atribuições dessa área de conhecimento, sobretudo no que tange às informações de controle de curto e longo prazo.

Por fim, apresentamos o entendimento de Borinelli (2006, p. 105), que conceitua *controladoria* como "um conjunto de conhecimentos que se constituem em bases teóricas e conceituais de ordens operacional, econômica, financeira e patrimonial, relativas ao controle do processo de gestão organizacional". É oportuno ressaltar a relevância do estudo que esse autor desenvolveu em sua tese (*Estrutura conceitual básica de controladoria: sistematização à luz da teoria e da práxis*), com vistas a identificar os principais aspectos discutidos no âmbito da controladoria, sobretudo na perspectiva conceitual.

6.2 Conceito de controladoria como órgão administrativo

As principais discussões que norteiam o enquadramento da controladoria como órgão administrativo referem-se à existência ou não de um departamento intitulado *controladoria* nas organizações.

Para Padoveze (2004, p. 31), a "controladoria é a unidade administrativa dentro da empresa que, através da Ciência Contábil e do Sistema de Informação de Controladoria, é responsável pela coordenação da gestão econômica do sistema empresa". Fisch e Mosimann (1999, p. 88) esclarecem que o órgão administrativo controladoria possui "missão, funções e princípios definidos no modelo de gestão do sistema empresa".

Na visão de Borinelli (2006, p. 198), a controladoria:

> é o órgão do sistema formal da organização responsável pelo controle do processo de gestão e pela geração e fornecimento de informações de ordens operacional, econômica, financeira e patrimonial demandadas (i) para assessorar as demais unidades organizacionais durante todo o processo de gestão – planejamento, execução e controle – buscando integrar os esforços dos gestores para que se obtenha um resultado organizacional sinérgico e otimizado, bem como (ii) pelos agentes externos que se relacionam com a empresa, para suas tomadas de decisões.

A controladoria como órgão administrativo possui missão e funções específicas, que precisam estar alinhadas ao sistema de informação, além de assessorar todo o processo de gestão na busca pela otimização dos resultados organizacionais.

A seguir, são apresentadas algumas atividades inerentes ao órgão administrativo de controladoria:

- **desenvolvimento de condições para a realização da gestão econômica**: visto que as decisões tomadas na condução das atividades têm como foco o resultado econômico, significa que os gestores devem estar de posse de instrumentos adequados, bem como devidamente treinados;
- **subsídio ao processo de gestão com informações em todas as suas fases**: os sistemas de informações devem ser disponibilizados para uso direto do gestor, de modo que as informações sejam oportunas;
- **gestão dos sistemas de informações econômicas de apoio às decisões**: os sistemas de informações devem propiciar informações que reflitam a realidade físico-operacional. A controladoria é responsável pela gestão operacional;
- **apoio à consolidação; avaliação e harmonização dos planos das áreas**: é a maneira de consistir a otimização do todo, constituindo-se num elemento catalisador da sinergia necessária para a otimização do resultado global. (Almeida; Parisi; Pereira, 2001, p. 346)

Essa primeira parte do capítulo buscou esclarecer as diferentes conceituações que o termo *controladoria* apresenta. Com base nisso, as discussões aqui apresentadas fundamentam-se no entendimento da controladoria como órgão administrativo, tendo em vista que esse conceito está inserido nas organizações.

6.3 Missão da controladoria

A controladoria é um órgão de linha com missão específica. Ela caracteriza-se como uma unidade de apoio às demais áreas organizacionais. Dessa forma, a missão da controladoria é "suportar todo o processo de gestão empresarial por intermédio de seu sistema de informação, que é um sistema de apoio à gestão" (Padoveze, 2004, p. 34).

Na Figura 6.1, podemos observar a missão da controladoria no contexto organizacional. A representação evidencia a integração dessa unidade administrativa com as áreas de compras, produção, desenvolvimento de produtos, comercialização e finanças, além da relação direta com o sistema de informação que apoia a gestão organizacional. Nesse sentido, qual é a relação entre a controladoria e os sistemas de informação? Os sistemas de informação possibilitam que as informações repassadas à controladoria sejam confiáveis e disponibilizadas em tempo hábil para o desempenho correto das atividades empresariais.

Figura 6.1 – Missão da controladoria e as demais áreas da empresa

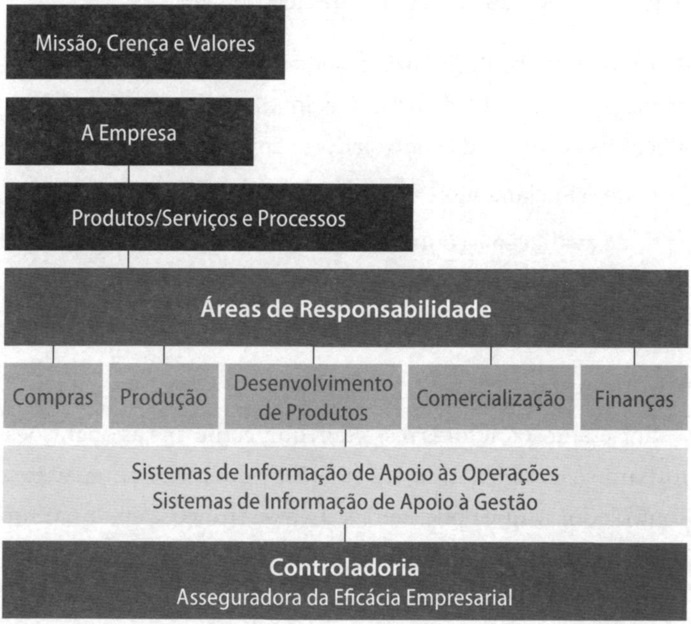

Fonte: Adaptado de Padoveze, 2005, p. 33.

Para que o órgão administrativo de controladoria possa apoiar todo o processo organizacional, as partes que interagem nesse processo não podem realizar suas atividades isoladamente; portanto, é necessário que as partes que se relacionam estejam integradas. Assim, a gestão das atividades acontece sob uma vertente sistêmica.

Considerando que a controladoria ampara todo o processo organizacional, Almeida, Parisi e Pereira (2001, p. 346) ressaltam que a missão desse órgão é "assegurar a otimização do resultado econômico da organização".

Dessa forma, para que a missão da controladoria seja alcançada, devemos traçar como objetivos a promoção da eficácia organizacional, a viabilização da gestão econômica e a promoção da integração das áreas de responsabilidade (Almeida; Parisi; Pereira, 2001).

6.4 Funções da controladoria

As funções da controladoria assemelham-se aos objetivos traçados por essa unidade organizacional. Lima et al. (2011) classificam as funções da controladoria em cinco grupos:

- de planejamento;
- de avaliação e controle;
- de gestão da informação;
- de gestão contábil;
- de gestão de riscos.

Entretanto, os autores ressaltam que, conforme as operações tornam-se complexas, novas funções podem ser agregadas à controladoria, que pode exercer diversas funções em uma entidade, as quais incluem desde as funções operacionais, como registros contábeis, até a gestão de riscos. Nessa ótica, a função da controladoria é mais abrangente que a da contabilidade tradicional, que tem foco nos usuários externos à empresa. Além disso, a controladoria busca a exatidão e a lógica dos resultados agregados por setor e também o resultado global da empresa (Artifon; Beuren, 2011).

Borinelli (2006) propôs, em sua *Estrutura conceitual básica de controladoria (ECBC)*, as seguintes funções da controladoria: contábil; gerencial-estratégica; de custos; tributária; de proteção de Ativos; de controle de Ativos; de controle de riscos; de gestão da informação etc. Esse autor realizou uma revisão na literatura nacional e estrangeira, verificando as principais atividades da controladoria, sintetizadas no quadro a seguir.

RESUMO DAS ATIVIDADES DE CONTROLADORIA MAIS CITADAS NA LITERATURA

- Gerenciar o Departamento de Contabilidade.
- Desenvolver e gerenciar o sistema contábil de informação.
- Implementar e manter todos os registros contábeis.
- Elaborar Demonstrações Contábeis.
- Atender aos agentes de mercado (preparar informações).
- Realizar o registro e o controle patrimonial (Ativos fixos).
- Gerenciar impostos (registro, recolhimento, supervisão etc.).
- Desenvolver e gerenciar o sistema de custos.
- Realizar auditoria interna.
- Desenvolver e gerenciar o sistema de informações gerenciais.
- Prover suporte ao processo de gestão, com informações.
- Coordenar os esforços dos gestores das áreas (sinergia).
- Elaborar, coordenar e assessorar na elaboração do planejamento da organização.
- Elaborar, coordenar, consolidar e assessorar na elaboração do orçamento das áreas.
- Desenvolver, acompanhar e assessorar o controle do planejamento/orçamento.
- Desenvolver políticas e procedimentos contábeis e de controle.

Fonte: Adaptado de Borinelli, 2006, p. 133.

Dentre as inúmeras funções do órgão controladoria, Almeida, Parisi e Pereira (2001) destacam que os seus principais objetivos são:

- subsidiar o processo de gestão;
- apoiar a avaliação de desempenho;
- gerir os sistemas de informações.

No **processo de gestão**, a controladoria pode atuar tanto na estruturação como no acompanhamento da gestão empresarial. Para isso, o sistema de informação é utilizado como ferramenta central, pois possibilita a realização de projeções. Com base nessas projeções, relatórios gerenciais com informações de desempenho são elaborados pela unidade administrativa da controladoria com o propósito de fornecer aos gestores informações consistentes que auxiliem nas tomadas de decisões, além de monitorar tal processo.

O apoio para a **avaliação de desempenho** dos gestores ou da unidade da controladoria refere-se à emissão de pareceres de:

- análise de desempenho econômico das áreas;
- análise de desempenho dos gestores;
- análise de desempenho econômico da empresa;
- análise de desempenho da própria área, com o propósito de identificar os pontos negativos e positivos da unidade analisada e, assim, contribuir para o processo de avaliação.

A controladoria atua nos **sistemas de informações** ao:

- definir a base de dados que será adotada pela empresa;
- elaborar modelos de decisão específicos para as unidades organizacionais de acordo com suas necessidades;
- padronizar o modelo de informação adotado pela organização.

Dessa forma, para amparar o processo de gestão (planejamento, execução e controle), o sistema de informação da controladoria deverá atuar no sentido de:

- induzir os gestores à decisão correta;
- apurar os resultados econômicos dos produtos, atividades, áreas, empresas etc.;
- refletir o físico-operacional;
- permitir a avaliação de resultado dos produtos e serviços;
- permitir a avaliação de desempenho. (Almeida; Parisi; Pereira, 2001, p. 352)

De acordo com Padoveze (2004, p. 46), o sistema de informação da controladoria "é o meio que o contador-geral, contador gerencial ou *controller* utilizarão para efetivar a Contabilidade e a informação contábil dentro da organização, para que a Contabilidade seja utilizada em toda a sua plenitude".

6.5 Funções do *controller*

O *controller* é o profissional responsável por desempenhar as funções da controladoria, informar os gestores sobre o desempenho atual e passado da organização e orientar seus subordinados sobre o modo como as atividades deverão ser executadas. Esse profissional não deve coordenar todas as atividades empresariais, pois essa tarefa já é atribuída aos gestores responsáveis por cada área.

Jiambalvo (2002, p. 8) conceitua:

> O *controller* prepara os relatórios para o planejamento e a avaliação das atividades da empresa (p. ex., orçamentos e relatórios de desempenho) e fornece as informações necessárias para a tomada de decisões gerenciais (p. ex., decisões relacionadas à compra de equipamentos de escritório ou decisões relacionadas a adicionar ou a abandonar um produto). O *controller*

também é responsável por todos os relatórios de contabilidade financeira e pelo cumprimento das exigências fiscais perante a Secretaria da Receita Federal e outros órgãos governamentais, bem como pela coordenação das atividades dos auditores externos da empresa.

As principais funções do *controller*, segundo a literatura, estão elencadas no quadro a seguir.

Quadro 6.1 – Funções do *controller*

Funções do *controller*	**Referências**
Planejamento, controle, reporte, contábil.	Heckert e Wilson (1963, p. 9).
Informação, motivação, coordenação, avaliação, planejamento, acompanhamento, organização, direcionamento, mensuração.	Kanitz (1976, p. 6-8).

O Quadro 6.1 evidencia quais funções podem ser atribuídas ao *controller*. Ressaltamos que geralmente os *controllers* são profissionais que fornecem informações, entendem as operações, comunicam-se com clareza, analisam a informação, fornecem projeções e informações tempestivas, acompanham problemas e são justos e imparciais (Bragg; Roehl-Anderson, 1996).

6.6 A controladoria na organização

Na organização, o cargo do *controller* é ocupado pelo diretor ou vice-presidente administrativo e financeiro. Para a adequada execução de suas atividades, o *controller* trabalha diretamente com o sistema de informação contábil gerencial da organização, com o intuito de monitorar permanentemente o sistema (Padoveze, 2004, 2005).

Em função da necessidade de interação com as demais áreas da empresa, a controladoria vincula-se também aos demais sistemas de informações relacionados à gestão, buscando constantemente a sua integração. Nessa ótica, a controladoria pode ser subdividida em duas perspectivas:

1. área contábil e fiscal;
2. área de planejamento e controle.

A **área contábil e fiscal** refere-se à escrituração dos fatos contábeis e corresponde às informações da contabilidade societária, da contabilidade patrimonial e da contabilidade tributária. Nessa vertente, a controladoria elabora relatórios de Demonstrações Contábeis, realiza o controle patrimonial e trabalha com a gestão dos impostos. Ressaltamos que, nessa perspectiva, o foco na controladoria é externo à empresa, ou seja, as informações geradas geralmente têm o intuito de atender alguma obrigação (veja a Figura 6.2).

A **área de planejamento e controle** tem foco na tomada de decisão e orienta as atividades de controladoria relacionadas ao orçamento empresarial, à contabilidade de custos, às projeções e simulações, ao acompanhamento do negócio e a estudos especiais. Assim, essa área relaciona-se de certa forma com os anseios internos da organização, tendo em vista que apoia os demais sistemas de informações. A atuação do *controller* ocorre efetivamente ao longo do processo de planejamento, conforme demonstrado na figura a seguir.

Figura 6.2 – Estrutura da controladoria

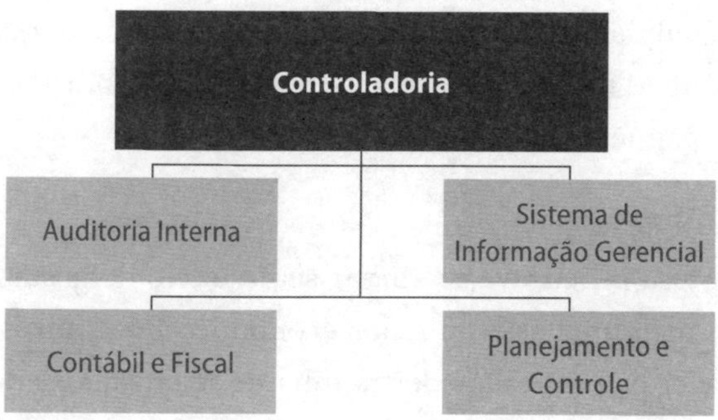

Fonte: Adaptado de Padoveze, 2005, p. 37.

Na Figura 6.2, podemos observar que a controladoria também se relaciona com a **auditoria interna**. A atuação da auditoria interna se dá principalmente pelo controle interno, ou seja, esse departamento é responsável por verificar se as normas, as instruções e os procedimentos estão sendo atendidos. Tais informações são obtidas com base no acompanhamento do sistema de controle interno da empresa (Padoveze, 2004, 2005).

Assim como a controladoria interage com os demais sistemas de informação relacionados à gestão, o papel da auditoria interna nesse processo é contribuir para que o *controller* tenha acesso a todas as informações presentes nos sistemas operacionais.

Estudos de caso

A seguir, apresentamos o caso de uma empresa[1] que atua no segmento de produtos alimentícios. Com base na leitura desse texto, verificamos a atuação positiva da controladoria no contexto empresarial.

A empresa

Empresa familiar de massas frescas, líder de vendas na região Sul do Brasil, há mais de 40 anos leva para a mesa do consumidor a qualidade e requinte de seus produtos, entre os quais se destacam as massas para pastéis, pizza, massa folhada, talharim, espaguete, capelete e ravióli.

Desafio proposto

A empresa procurava realinhar seu modelo de gestão, buscando melhorar os resultados econômico-financeiros para satisfazer os propósitos dos familiares acionistas. O desafio era diagnosticar a situação atual dos processos internos e propor melhorias em todos os processos da organização para que os resultados do passado voltassem a ser atingidos.

1 Estudo de caso adaptado, originalmente produzido pela ECR Consultoria, empresa de serviços, especializada na integração de conhecimento e tecnologia. Ela atua com projetos de consultoria e capacitação e aprendizagem em gestão empresarial para organizações de todos os portes.

Solução apresentada

A solução apresentada para a situação-problema foi o alinhamento de todos os sistemas e processos da empresa aos princípios e fundamentos de Gestão da Qualidade Total (TQM).

A estrutura base do projeto envolvia a formação de um comitê gestor, formado pela alta direção e pelas gerências dos principais processos, e de comitês setoriais, formados por colaboradores dos diversos departamentos e processos (comercial, financeiro, contabilidade, produção, suprimentos).

Definida a metodologia, os comitês setoriais passaram a realizar encontros para o mapeamento de processos e a análise de falhas, propondo as melhorias necessárias para a adequação dos processos às melhores práticas e eliminando as falhas apontadas. Essas sugestões, após encaminhadas ao comitê gestor, recebiam a aprovação para implementação.

Durante esse projeto, ocorreu a total reestruturação do Departamento Financeiro e a implementação do departamento de Controladoria.

Resultados obtidos

O objetivo de otimizar os resultados econômico-financeiros da organização foi atingido. A solução proposta, alinhar o modelo de gestão da organização às práticas de qualidade total, proporcionou uma série de melhorias em processos, pessoas e indicadores econômico-financeiros, dentre os quais podemos citar:

- monitoração e análise de índice de satisfação de clientes;
- aumento no nível de satisfação interna;
- crescimento das vendas (chegou a atingir 16%, em 2007);
- capacitação de lideranças;
- reestruturação do Departamento Financeiro (incremento de 300% em receitas financeiras, redução das despesas

financeiras em 0,5% da receita bruta, redução da taxa média de captação de recursos em 1,5% a.m.);

- implementação do Departamento de Controladoria e de orçamento empresarial integrado ao planejamento estratégico.

Após a apresentação dos resultados obtidos nesse caso, reflita sobre a atuação da controladoria no cenário empresarial, imaginando a presença desse órgão nos diferentes segmentos. Pense também que a implantação da controladoria pode trazer resultados positivos para os diversos departamentos que compõem a organização, contribuindo assim para a sinergia dos resultados. Dessa forma, questiona-se: Quais são as principais vantagens de implementar a controladoria em uma organização?

Síntese

A controladoria, como órgão administrativo, por ser uma área recente, ainda não possui uniformidade completa nos aspectos relacionados às suas funções e práticas organizacionais. Nesse sentido, compreende uma área em que as definições e as funções básicas necessitam ser consolidadas. Com base nisso, primeiramente asseveramos que a controladoria pode ser entendida como ramo de conhecimento e também como órgão administrativo. Como este livro parte de uma abordagem empresarial, os aspectos aqui levantados referem-se à controladoria como órgão administrativo. O *controller* faz parte da cúpula administrativa e participa ativamente dos processos de planejamento e controle empresarial. Portanto, como missão, a controladoria busca a sinergia dos resultados globais de modo que a eficácia empresarial seja alcançada.

Consultando a legislação

A controladoria como órgão administrativo deve respeitar a normatização interna definida pela organização; todavia, quando a entidade emitir informações direcionadas ao fisco, ela deve seguir os procedimentos e orientações estabelecidos no Manual de Contabilidade Societária (Gelbcke et al., 2013).

Questões para revisão

1. A controladoria é uma área recente, com diversos questionamentos a serem esclarecidos, sobretudo com relação ao seu conceito. Nesse sentido, de acordo com a literatura sobre o tema, a controladoria pode ser entendida sob dois enfoques: ramo de conhecimento e órgão administrativo. Diferencie essas duas abordagens conceituais.

2. A controladoria pode ser entendida como o departamento responsável pelo projeto, elaboração, implementação e manutenção do sistema de informações. Sendo assim, explique como a controladoria atua nos sistemas de informações.

3. Com relação à missão da controladoria, assinale (V) para verdadeiro e (F) para falso:
   ( ) A controladoria é um órgão de linha sem missão específica.
   ( ) A missão da controladoria é suportar uma parte do processo de gestão empresarial por intermédio de seu sistema de informação, que é um sistema de apoio à gestão.
   ( ) Para que o órgão administrativo denominado *controladoria* possa apoiar todo o processo organizacional, as partes que interagem no processo não podem realizar suas atividades isoladamente.

( ) Para que a missão da controladoria seja alcançada, deve-se traçar como objetivos a promoção da eficácia organizacional, a viabilização da gestão econômica e a promoção da integração das áreas de responsabilidade.

4. É ao *controller* que os gestores se dirigem para obter informações e orientações quanto à direção e ao controle das atividades empresariais. Dessa forma, dentre as inúmeras atribuições da controladoria, destacam-se como principais funções: subsidiar o processo de gestão, apoiar a avaliação de desempenho e gerir os sistemas de informações. Considerando a finalidade de cada objetivo mencionado, relacione as colunas:

Objetivos do órgão controladoria	**Finalidade**
(A) Processo de gestão	( ) Propósito de identificar os pontos negativos e positivos da unidade analisada e, assim, contribuir para o processo.
(B) Avaliação de desempenho	( ) Ao definir a base de dados que será adotada pela empresa, elabora modelos de decisões específicos para as unidades organizacionais de acordo com suas necessidades e padroniza o modelo de informação adotado pela organização.
(C) Sistemas de informações	( ) A controladoria pode atuar tanto na estruturação do processo quanto no acompanhamento da gestão empresarial, com o intuito de fornecer aos gestores informações consistentes que auxiliem nas tomadas de decisões, além de monitorar tal processo.

5. Com relação à atuação da controladoria na área de planejamento e controle, assinale (V) para verdadeiro e (F) para falso:
   ( ) Refere-se à escrituração dos fatos contábeis.
   ( ) Tem como foco a tomada de decisão.
   ( ) Orienta as atividades de controladoria relacionadas ao orçamento empresarial, à contabilidade de custos, às projeções e simulações, ao acompanhamento do negócio e aos estudos especiais.
   ( ) Corresponde à informações da contabilidade societária, da contabilidade patrimonial e da contabilidade tributária.
   ( ) Relaciona-se, de certa forma, com os anseios externos da organização.

Questões para reflexão

1. A controladoria, como órgão administrativo, pode contribuir para a formação do valor agregado da empresa. Reflita e explique alguns dos benefícios desse órgão.

2. A unidade administrativa de controladoria relaciona-se com a Tecnologia de Informação (TI). Nessa ótica, reflita de que forma podemos observar essa interação no ambiente organizacional.

3. Reflita sobre o papel da contabilidade gerencial no contexto organizacional e apresente seu ponto de vista sob a ótica da controladoria.

4. A empresa deve ter duas contabilidades, uma para o fisco e outra para o seu gerenciamento. Comente sobre essa afirmação.

5. Existe relação entre a controladoria e a auditoria interna? Reflita e justifique sua resposta.

Saiba mais

Almeida, D. M.; Beuren, I. M. Impactos da implantação das normas internacionais de contabilidade na controladoria: um estudo à luz da teoria da estruturação em uma empresa têxtil. **Revista de Administração**, v. 47, n. 4, p. 653-670, 2012.

Esse estudo objetiva verificar os impactos da implantação das normas internacionais de contabilidade na controladoria à luz da teoria da estruturação.

Beuren, I. M.; Pinto, J.; Zonatto, V. C. da S. Abordagens da controladoria nos trabalhos do Congresso USP de Controladoria e Contabilidade: um enfoque nas perspectivas conceitual, procedimental e organizacional. **Revista Contemporânea em Contabilidade**, v. 9, n. 17, p. 3-16, 2012.

Esse estudo identifica a abordagem da controladoria em trabalhos publicados nos anais do Congresso USP de Controladoria e Contabilidade entre 2001 a 2006, pautado em pesquisa documental e denotação descritiva.

Beuren, I. M.; Cunha, P. R. da; Guerreiro, R. Fatores preditivos à desinstitucionalização de hábitos e rotinas na controladoria: um estudo de caso. **Contabilidade, Gestão e Governança**, v. 17, n. 2, 2014.

Esse estudo objetiva analisar os fatores que contribuíram com a desinstitucionalização de hábitos e rotinas na controladoria de uma empresa, com a mudança do seu sistema de informações.

Jordão, R. V. D.; Souza, A. A. de. Efeitos da cultura corporativa no sistema de controle gerencial pós-aquisição: um estudo de sucesso numa empresa brasileira. **Rege – Revista de Gestão**, v. 19, n. 1, p. 55-71, 2012.

O objetivo dessa pesquisa foi analisar o efeito da cultura corporativa nas mudanças ocorridas no SCG da Extrativa Metalquímica S.A. após sua aquisição pelo Grupo Fasa Participações.

Barbosa, J. D.; Monteiro, J. M. Controladoria empresarial: gestão econômica para as micro e pequenas empresas. **Revista da Micro e Pequena Empresa**, v. 5, n. 2, p. 38-59, 2011.

Esse trabalho tem por objetivo identificar a aplicabilidade da controladoria empresarial nas micro e pequenas empresas, com o intuito de aperfeiçoar o processo de gestão.

7

Avaliação de desempenho nas organizações

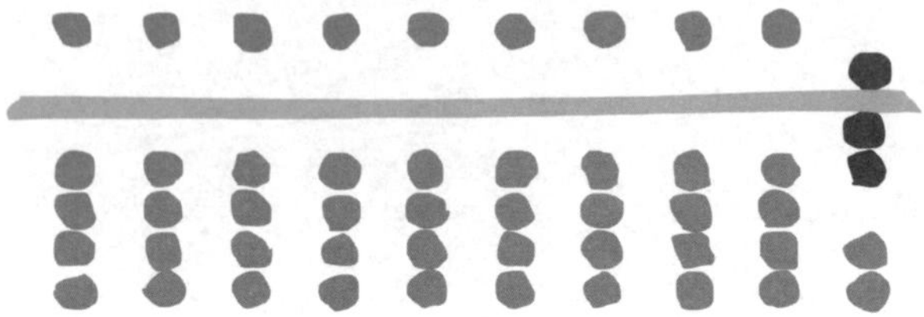

Conteúdos do capítulo

- Conceito de avaliação de desempenho.
- Processo de avaliação de desempenho.
- Sistemas de avaliação de desempenho.
- Finalidade da avaliação de desempenho.

Após o estudo deste capítulo, você será capaz de:

1. compreender o conceito de avaliação de desempenho;
2. entender o processo e a finalidade da avaliação de desempenho;
3. compreender o funcionamento dos sistemas de avaliação de desempenho nas organizações.

A alta competitividade existente no mundo dos negócios impulsiona cada vez mais as organizações a buscarem vantagem competitiva e agregação de valor aos produtos e serviços. Assim, a elaboração e a implantação de estratégias, alinhadas a um bom controle gerencial, buscam alcançar as metas e os objetivos estabelecidos pela organização.

A avaliação de desempenho insere-se nesse contexto, com a finalidade de obter o alinhamento das atividades diárias da empresa com as estratégias definidas por ela, propondo uma maneira eficaz e eficiente de mensurar o quanto os objetivos estão sendo atingidos e quais pontos precisam ser trabalhados.

Dessa forma, com base na definição de parâmetros de mensuração e com o intuito de alcançar as metas organizacionais, qual é a atuação da avaliação de desempenho? A avaliação de desempenho atua no sentido de contribuir para que a entidade mantenha-se no rumo certo, além de servir como base para o controle de gestão.

7.1 Conceito de avaliação de desempenho

O termo *avaliação* corresponde "ao ato ou efeito de se atribuir valor" (Pereira, 2001b, p. 198). *Valor*, no contexto que estamos avaliando, pode ser entendido tanto no sentido de importância, mérito, quanto no de mensuração. O que é necessário para que algo possa ser mensurado, ou seja, para que seja possível atribuir valor? São necessários padrões que identifiquem os parâmetros que serão utilizados.

O termo *desempenho* refere-se à "realização de uma atividade ou de um conjunto de atividades" (Pereira, 2001b, p. 201). Nesse sentido, ao combinarmos esses dois conceitos, observamos que a avaliação de desempenho corresponde à mensuração dos processos e resultados, a fim de comparar os resultados globais e os pontuais com os objetivos traçados.

Para Pontes (2002, p. 24),

> Avaliação ou administração de desempenho é um método que visa, continuamente, a estabelecer um contrato com os funcionários referente aos resultados desejados pela organização, acompanhar os desafios propostos, corrigindo os rumos, quando necessário, e avaliar os resultados conseguidos.

Portanto, de acordo com Pereira (2001b, p. 197),

> Avaliar um desempenho passa a ser, assim, um meio para se tomar decisões adequadas. Constitui um processo complexo que incorpora, além das características informativas necessárias para se julgar adequadamente um desempenho, requisitos essenciais para se integrar ao processo de gestão, em suas fases de planejamento, execução e controle.

Nesse sentido, a avaliação de desempenho possui duas funções principais: facilitar o processo de decisão e influenciar o desempenho organizacional. Como facilitadora do processo de decisão, a avaliação de desempenho atua no sentido de "acompanhar o processo de trabalho e fornecer *feedback* constante" (Pontes, 2002, p. 25). Veen-Dirks (2010) salienta que, para a avaliação de desempenho refletir no processo de tomada de decisão, ela deve acontecer periodicamente. Na ótica do desempenho, seu papel refere-se à capacidade de as informações contribuírem para a resolução dos problemas da entidade.

7.2 Processo de avaliação de desempenho

A avaliação de desempenho refere-se a um processo de observação, identificação e mensuração de aspectos quantitativos e qualitativos, inerentes à organização (Santo, 1997). Tais aspectos contribuem para avaliar se as metas organizacionais estão sendo cumpridas.

O processo de avaliação de desempenho permite "a constante verificação dos resultados obtidos, comparando-os a planos e padrões preestabelecidos, decorrentes das ações empreendidas pelos gestores no cumprimento de suas funções de organização e administração da entidade" (Bruni; Gomes, 2010, p. 59).

Pontes (2002, p. 24) esclarece que:

> O processo de avaliação consiste na definição dos resultados esperados, tendo como palco o planejamento estratégico ou as estratégias da organização, o acompanhamento diário do progresso, a solução contínua dos problemas que ocorrem e a revisão final dos resultados conquistados, para elaboração das propostas futuras.

Veja na Figura 7.1 como funciona um processo de avaliação de desempenho. Com base no que é apresentado, podemos constatar que inicialmente as metas são definidas de modo que, com base nos parâmetros traçados, exista a observação e a comparação dos resultados previstos com os realizados. Dessa forma, caso haja valores bastante discrepantes aos padrões estabelecidos, serão efetuadas ações corretivas a fim de ajustar o processo.

Figura 7.1 – Processo de avaliação de desempenho

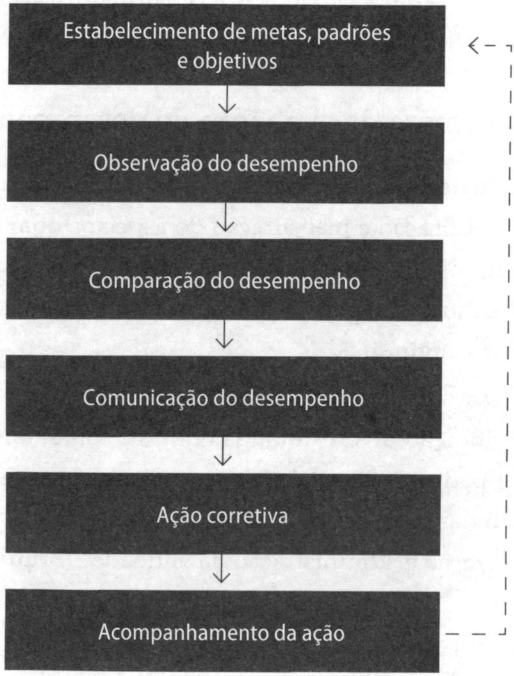

Fonte: Adaptado de Bruni; Gomes, 2010, p. 60.

Em uma visão mais simplificada, Miranda e Silva (2002, p. 143) apresentam algumas etapas para a avaliação do desempenho empresarial, conforme a Figura 7.2.

Figura 7.2 – Etapas da avaliação de desempenho

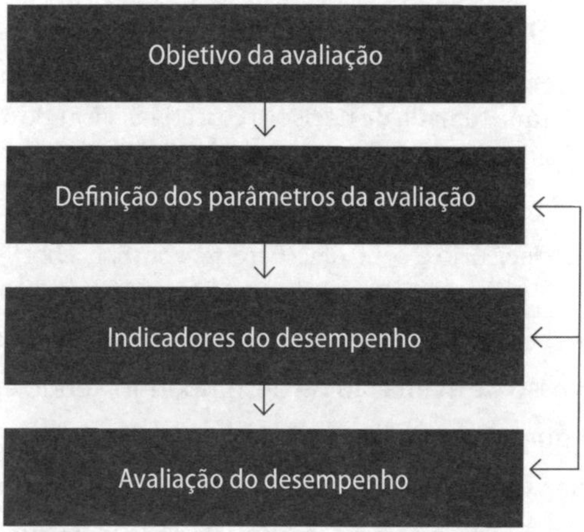

FONTE: Adaptado de Miranda; Silva, 2002, p. 143.

Na Figura 7.2, podemos observar que, na primeira etapa – **Objetivo da avaliação** – é decidido o que pretendemos investigar. Na sequência, na etapa **Definição de parâmetros da avaliação**, são apresentadas as características do que pretendemos comparar. Na etapa seguinte, os **Indicadores do desempenho** são responsáveis por definir quais indicadores melhor representam os parâmetros definidos. Por fim, temos a **Avaliação de desempenho**, que busca comparar os parâmetros apresentados com os indicadores definidos, a fim de melhorar o processo gerencial da organização.

Dada a relevância da avaliação de desempenho para as empresas, a seguir são apresentados alguns elementos que se relacionam com esse processo:

- O aspecto da quantificação ou mensuração do desempenho "econômico-financeiro";
- A necessidade de "bases concretas" para avaliação dos possíveis desvios entre um desempenho observado e um ideal ou planejado;

- A emissão de um "parecer" pelos administradores, decorrente da avaliação desses desvios;
- O propósito desse "parecer", como o de orientar a execução do desempenho à situação desejada, que entendemos como uma tomada de decisões corretivas visando à obtenção da situação desejada; e
- A estreita relação entre: avaliação de desempenho, processo decisório e controle. (Pereira, 2001b, p. 200)

Nesse sentido, Kaplan e Norton (1997) destacam a relevância do processo de avaliação de desempenho, tendo em vista que tudo o que não é medido não é gerenciado. A capacidade de gerenciar vincula-se à identificação dos pontos fortes e fracos de determinado processo, por exemplo. Além disso, ao gerenciar, os gestores podem mudar o foco de determinada atividade se identificarem que ela não traz resultados satisfatórios. Portanto, ao gerenciar, buscamos tomar as melhores decisões a fim de otimizar os resultados organizacionais.

7.3 Sistemas de avaliação de desempenho

Inicialmente, é fundamental entender que o controle gerencial é um processo que visa assegurar a eficiente e eficaz utilização de recursos limitados, sendo voltado para o equilíbrio econômico, patrimonial e financeiro, com o intuito de influenciar o comportamento dos atores organizacionais para o alcance dos objetivos e das estratégias da entidade.

Para que o controle gerencial seja concretizado, é preciso utilizar artefatos de controle gerencial, que podem ser caracterizados como técnicas de planejamento e controle de gestão que envolvem processos de mensuração, acumulação e comunicação de informações monetárias e não monetárias sobre aspectos das dimensões de desempenho da organização (Frezatti, 2005).

Entre os artefatos de controle gerencial estão os sistemas de avaliação de desempenho, que podem englobar tanto os indicadores financeiros quanto os não financeiros. Nesse sentido, Otley (1994, p. 296) afirma que "avaliação de desempenho e *accountability* continuam sendo os pilares sobre os quais se apoia o controle gerencial eficaz" (tradução nossa)[1].

Dessa forma, de acordo com Ferreira e Otley (2009, p. 264), os sistemas de avaliação de desempenho são:

> Mecanismos, processos, sistemas e redes formais e informais utilizados pelas organizações para transmitir os objetivos e metas-chave suscitados pela gestão, para auxiliar o processo estratégico e gerenciamento contínuo por meio de análises, planejamento, mensuração, controle, recompensas e gestão de desempenho global, e para apoiar e facilitar o aprendizado organizacional e a mudança. [tradução nossa][2]

Nesse sentido, Lima, Oliveira-Castro e Veiga (1996, p. 39) destacam que "os sistemas de avaliação de desempenho devem ser justos e imparciais, baseados em padrões de desempenho atingíveis, objetivos e claros, apoiados na realidade dos cargos ou postos de trabalho".

Bortoluzzi et al. (2010) apresentam os elementos de avaliação de desempenho que compõem os sistemas de avaliação de desempenho, conforme evidencia o Quadro 7.1.

Quadro 7.1 – Elementos dos sistemas de avaliação de desempenho

Elementos de avaliação de desempenho	**Descrição**
Alinhamento Estratégico	Estratégia é a dimensão fundamental do modelo. O sistema de avaliação de desempenho deve assegurar que as medidas adotadas sejam coerentes com a estratégia.
Desenvolvimento da Estratégia	Avaliação de desempenho ajuda a desenvolver os objetivos e estratégias predefinidas.
Foco nos *stakeholders*	Os sistemas de avaliação de desempenho devem atender aos diversos grupos de interesses.

(continua)

1 "Performance appraisal and accountability still remain the cornerstones upon which effective management control rests".

2 "Formal and informal mechanisms, processes, systems, and networks used by organizations for conveying the key objectives and goals elicited by management, for assisting the strategic process and ongoing management through analysis, planning, measurement, control, rewarding, and broadly managing performance, and for supporting and facilitating organizational learning and change".

(Quadro 7.1 – conclusão)

Elementos de avaliação de desempenho	**Descrição**
Medidas financeiras e não financeiras	Os sistemas de avaliação de desempenho devem fazer uso de medidas financeiras e não financeiras.
Adaptabilidade dinâmica	Os sistemas de avaliação de desempenho devem reagir rapidamente às mudanças nos contextos internos e externos.
Orientado por processo	A organização não é vista como uma estrutura hierárquica, mas como um conjunto coordenado de processos.
Profundidade/ detalhamento	As medidas de desempenho são desenvolvidas em profundidade e abrangem com detalhes todas as áreas organizacionais.
Abrangência	Toda a organização é objeto de avaliação.
Relacionamento de causa e efeito	Verificar se existe relação entre os objetivos estratégicos e os operacionais.
Clareza e simplicidade	Ao fixar objetivos e medidas de desempenho, a metodologia deve ser simples e clara para comunicar a todos os envolvidos.

Fonte: Adaptado de Bortoluzzi et al., 2010, p. 556.

Portanto, de acordo com Miranda e Silva (2002, p. 132), as principais razões para as empresas investirem em sistemas de avaliação de desempenho são:

- Controlar as atividades operacionais da empresa;
- Alimentar os sistemas de incentivo dos funcionários;
- Controlar o planejamento;
- Criar, implantar e conduzir estratégias competitivas;
- Identificar problemas que necessitem intervenção dos gestores;
- Verificar se a missão da empresa está sendo atingida.

O Quadro 7.2 apresenta, em ordem cronológica, as características de alguns sistemas de avaliação de desempenho, seguidas dos respectivos autores que os desenvolveram.

Quadro 7.2 – Sistemas de avaliação de desempenho

Sistema ou modelo/autor/ano de criação ou divulgação	Características
a. Balanced Scorecard/Kaplan e Norton/1992	**Objetivo** – prover executivos com uma estrutura compreensiva que traduza a visão e a estratégia da empresa em um conjunto coerente de medidas de *performance*. **Foco** – quatro perspectivas básicas: financeira, cliente, processos internos do negócio e aprendizado e crescimento. Pode haver mais ou menos perspectivas para acomodar necessidades específicas de uma empresa (Kaplan; Norton, 1996, p. 34). **Aplicação** – National Insurance, Kenyon Stores, Metro Bank, Pioneer Petroleum, Halifax, Skandia, British Airways, Coca-Cola, Analog Devices, Mobil AM & R, Pitney Bowes. **Referências** – Kaplan e Norton (1992); Czarnecki (1999); Olve, Roy e Wetter (1999); e Johnson e Gustafsson (2000). **Comentários** – veio para corrigir os modelos de medição tradicionais, que tinham excessiva ênfase em medidas financeiras.
b. Balanced Scorecard/Maisel/1992	**Objetivo** – os mesmos que o Balanced Scorecard de Kaplan e Norton. **Foco** – financeiro, cliente, processos de negócios e recursos humanos. **Referências** – Maisel (1992) e Olve, Roy e Wetter (1999). **Comentários** – o modelo de Maisel surgiu na mesma época que o de Kaplan e Norton e é muito semelhante a ele.
c. EVITA/ABB Suiça (empresa multinacional)/1994	**Objetivo** – ver a empresa por diferentes perspectivas ou áreas. Permitir o controle financeiro e gerencial que garanta o sucesso do Programa Focado no Cliente, criado pela empresa. **Foco** – cinco perspectivas: financeira, clientes, inovação/desenvolvimento, processo, fornecedores. **Referências** – Olve, Roy e Wetter (1999). **Comentários** – modelo baseado no Balanced Scorecard.
d. SMART (Strategic Measurement and Reporting Technique) e Performance Pyramid/ Wang Laboratories/1988 ou Performance Pyramid/McNair, Lynch e Cross/1990	**Objetivo** – baseado na estratégia geral da empresa e orientado para o cliente. **Foco** – financeiro, mercado, satisfação do consumidor, flexibilidade, produtividade, qualidade, entrega, tempo, processo e custo. O modelo de McNair difere apenas nos dois últimos focos, que ele substitui por ciclo de produção e desperdício. **Aplicação** – Wang Laboratories. **Referências** – Cross e Lynch (1988); McNair, Lynch e Cross (1990); Maskell (1991); e Olve, Roy e Wetter (1999).

(continua)

(*Quadro 7.2 – continuação*)

Sistema ou modelo/autor/ano de criação ou divulgação	Características
	Comentários – baseado nos conceitos de gerenciamento da qualidade total, engenharia industrial e contabilidade por atividade. O modelo cria condições para comunicação em duas direções. Os objetivos fluem de cima para baixo e as medidas de baixo para cima. Objetivos e medidas são os elos entre a estratégia da empresa e suas atividades.
e. EP^2M (Effective Progress and Performance Measurement)/ Adams e Roberts/1993	**Objetivo** – implementar a estratégia da empresa e favorecer uma cultura em que mudanças constantes sejam uma constante. **Foco** – medidas externas (atendimento de clientes e mercados), medidas internas (melhoramento da eficácia e eficiência), medidas de cima para baixo (detalhando a estratégia geral e acelerando o processo de mudança), medidas de baixo para cima (delegando decisões e priorizando liberdade de ação). **Referências** – Adams e Roberts (1993); e Olve, Roy e Wetter (1999).
f. Navegador do Capital Intelectual ou Navegador de Negócios Skandia/1994	**Objetivo** – instrumento de controle gerencial interno e complementação dos relatórios financeiros externos. **Foco** – financeiro, clientes, processos, renovação e desenvolvimento humano. **Aplicação** – Skandia Insurance. **Referências** – Kaplan e Norton (1996); Edvinsson e Malone (1997); e Olve, Roy e Wetter (1999). **Comentários** – o sistema da Skandia foi o primeiro a publicamente enfatizar e apresentar medidas relacionadas com o capital intelectual.
g. DBM (Dynamic Business Measurement) ou GIMS (Global Integrated Measurement System/Electrolux/1994	**Objetivo** – mostrar o inter-relacionamento entre a visão da companhia, estratégia e o planejamento de curto prazo. **Foco** – financeiro, clientes, operacional e cultural. **Aplicação** – Electrolux **Referências** – Olve, Roy e Wetter (1999). **Comentários** – o sistema da Electrolux contempla 16 diferentes índices-chave, sendo 12 deles não-financeiros. O sistema veio prover a empresa com medidas de qualidade, satisfação do cliente, desenvolvimento de produtos e motivação dos empregados.
h. Sistema de Mensuração Baseado no Modelo de Input-Processamento-Output/ Fitzgerald et al./1991	**Objetivo** – dar suporte à estratégia escolhida em resposta ao ambiente competitivo, para empresas de serviços. **Foco** – resultado da estratégia escolhida (competitividade e *performance* financeira) e determinantes do sucesso (qualidade de serviços, flexibilidade, utilização de recursos e inovação). **Aplicação** – empresas de serviços, principalmente. **Referências** – Fitzgerald et al. (1991). **Comentários** – o modelo foi desenvolvido para empresas de serviços, mas é suficientemente genérico para ser aplicado a outros setores.

(Quadro 7.2 – continuação)

Sistema ou modelo/autor/ano de criação ou divulgação	Características
i. Sistema de Mensuração Baseado no Modelo de Input-Processamento-Output/ Bogan e English/1994	**Objetivo** – identificar os fluxos de trabalho mais importantes da organização. **Foco** – *inputs*, processos, *outputs* e satisfação do consumidor. **Aplicação** – GTE, IBM, Xerox, British Telecom. **Referências** – Bogan e English (1994). **Comentários** – considera *inputs* tangíveis e intangíveis, tais como informação.
j. Sistema de Mensuração Baseado em Benchmarks/Bogan e English/1994	**Objetivo** – melhoria contínua da performance. **Foco** – não define. **Aplicação** – Kodak, IBM, Xerox, Chevron. **Referências** – Bogan e English (1994). **Comentários** – o objetivo é um painel amplo de medidas que inclua medidas financeiras e não-financeiras.
k. Modelo Típico Sugerido por Czarnecki/1999	**Objetivo** – definir um modelo típico representativo da maioria das empresas investigadas. **Foco** – qualidade, produtividade, tempo do ciclo e controle. **Aplicação** – genérica. **Referências** – Czarnecki (1999). **Comentários** – serve de ponto de partida para o desenvolvimento de modelos mais sofisticado.
l. Modelo de Relacionamento Qualidade-Lucro (Lentes do Consumidor)/Johnson e Gustafsson/1999	**Objetivo** – estabelecer relações mais explícitas entre qualidade, satisfação do consumidor, lealdade do consumidor e lucratividade (*performance* financeira). **Foco** – qualidade interna, satisfação do consumidor, lealdade do consumidor e lucro. **Aplicação** – Sears e Volvo. **Referências** – Johson e Gustafsson (2000) **Comentários** – veja, a seguir, os modelos de Sears e da Volvo.
m. Modelo de Relacionamento Qualidade-Performance Financeira Específico da Sears: Modelo Quantitativo Empregados-Clientes-Lucro 1998	**Objetivo** – dar suporte ao programa de melhorias que relaciona clientes, empregados e acionistas, por meio de um conjunto de medidas "vencedoras". **Foco** – três atrativos: um lugar atrativo para comprar (foco no cliente), um lugar atrativo para trabalhar (foco no empregado) e um lugar atrativo para investir (foco nos acionistas). **Aplicação** – Sears. **Referências** – Rucci, Kirn e Quinn (1998); Czarnecki (1999); e Johson e Gustafsson (2000). **Comentários** – baseado na estrutura apresentada por Johnson e Gustafsson, a qual relaciona qualidade à *performance* financeira. O modelo da Volvo tem a mesma filosofia.

(Quadro 7.2 – conclusão)

Sistema ou modelo/autor/ano de criação ou divulgação	Características
n. Modelo de Relacionamento Qualidade-Performance Financeira Específico da Volvo: Modelo Qualidade-Lucro/1998	**Objetivo** – dar suporte ao programa de gerenciamento da qualidade orientada para o consumidor. **Foco** – qualidade interna, qualidade externa, produtividade, satisfação e lealdade do consumidor, custos e lucratividade. **Aplicação** – Volvo. **Referências** – Flodin, Nelson e Gustafsson (1997); e Johnson e Gustafsson (2000). **Comentários** – baseado na estrutura apresentada por Johnson e Gustafsson, a qual relaciona qualidade à *performance* financeira. O modelo da Sears tem a mesma filosofia.
o. Quantum/Hronec e Arthur Andersen and Co./1993	**Objetivo** – emitir os "sinais vitais" da organização, que vão comunicar o que é importante por meio da organização: a estratégia (de cima para baixo), o resultado dos processos (de baixo para cima) e o controle e melhoria dentro dos processos. **Foco** – custo, qualidade e tempo medidos em três dimensões: pessoas, processos e organização. Referências – Hronec e Arthur Andersen and Co. (1993).
p. Modelo de Medição Orientado para a Avaliação da Performance dos Empregados/Czarnecki/1999	**Objetivo** – entender, comunicar e recompensar os empregados. **Foco** – gerenciamento dos empregados, tradução de estratégias em objetivos de performance e aplicabilidade a sistemas de recompensa e reconhecimento dos empregados. **Aplicação** – Sprint, National City Bank of Kentucky, Allianth Health System. **Referências** – Czarnecki (1999). Comentários – o sistema desenvolvido pela Sprint recebeu o nome de Link.
q. Modelo Típico identificado por Hodgetts/1998	**Objetivo** – identificar os fatores-chave ou bases que ajudam a determinar a habilidade da empresa em competir efetivamente. **Foco** – clientes, recursos e capacidades, visão estratégica, criação de valor e qualidade. **Aplicação** – organizações de classe mundial. **Referências** – Hodgetts (1998). **Comentários** – o autor sugere que os dados sejam apresentados em diagramas de teia de aranha.
r. Modelo Proposto por Schiemann e Lingle (1999)	**Objetivo** – criar um sistema estratégico de medição que oriente as mudanças organizacionais e os resultados do negócio. **Foco** – mercado, financeiro, pessoas, operações, ambiente e parceiros e fornecedores. **Aplicação** – Ortho-Clinical Diagnostics, CIT Group. Inc. **Referências** – Schiemann e Lingle (1999).

Fonte: Miranda; Silva, 2002, p. 138-141, grifo nosso.

7.4 Finalidade da avaliação de desempenho

De acordo com Pontes (2002, p. 26), estas são algumas finalidades da implantação do sistema de avaliação de desempenho:

- Tornar dinâmico o planejamento da empresa;
- Conseguir melhorias na empresa voltadas à produtividade, qualidade e satisfação dos clientes, bem como em relação aos aspectos econômicos e financeiros;
- Estabelecer os resultados esperados das pessoas na organização;
- Obter o comprometimento das pessoas em relação aos resultados desejados pela empresa;
- Melhorar a comunicação entre os níveis hierárquicos na organização, criando clima de diálogo construtivo e eliminando dissonâncias, ansiedades e incertezas;
- Dar orientação constante sobre o desempenho das pessoas, buscando melhorias;
- Gerar informações;
- Tornar claro que resultados são conseguidos através da atuação de todo o corpo empresarial;
- Estabelecer um clima de confiança, motivação e cooperação entre os membros das equipes de trabalho;
- Servir como instrumento propagador de programas de qualidade e, conforme o método adotado, do próprio instrumento de gestão de qualidade;
- Servir como importante instrumento coadjuvante em decisões de carreira, salários e participação nos resultados da empresa; e,
- Servir como instrumento para levantamento de necessidades de treinamento e desenvolvimento.

Com base nisso, entendemos que a avaliação de desempenho configura-se como uma atividade bastante complexa, sendo mais que um artefato de controle gerencial. Podemos afirmar que a avaliação de desempenho é uma ferramenta de sobrevivência das empresas, pois confronta os parâmetros com os melhores indicadores de avaliação, orientando assim a adequação das atividades empresariais.

Síntese

Neste capítulo, o foco principal foi esclarecer o que é avaliação de desempenho. O objetivo de avaliar o desempenho empresarial é verificar se os objetivos e as metas definidos na etapa de planejamento e no processo de gestão estão sendo cumpridos. A avaliação do desempenho identifica os aspectos positivos e negativos do desempenho e encontra oportunidades de desenvolvimento e melhoria, proporcionando ao fator observado a possibilidade de saber sempre o que se espera do seu desempenho. Nesse sentido, conforme as atividades empresariais são concretizadas, devem também ser realizados *feedbacks*, a fim de verificar se os resultados estão alinhados aos objetivos definidos. Portanto, os parâmetros utilizados na avaliação são estabelecidos para que possamos comparar os resultados planejados com os realizados.

Consultando a legislação

Os sistemas de avaliação de desempenho são orientados a verificar se a organização está cumprindo os objetivos traçados na etapa do planejamento. Dessa forma, esses procedimentos são realizados com base em procedimentos internos. Porém, caso alguma informação interfira em dados encaminhados a órgãos reguladores, será preciso amparo nas legislações abordadas no Manual de Contabilidade Societária (Gelbcke et al., 2013).

Questões para revisão

1. Os sistemas de avaliação de desempenho representam um processo contínuo e sistemático de avaliação das atividades empresariais. Nessa perspectiva, quais são as principais razões para o investimento em sistemas de avaliação de desempenho?

2. A avaliação de desempenho possui duas funções principais: facilitar o processo de decisão e influenciar o desempenho organizacional. Comente cada uma dessas abordagens.

3. Considerando a importância da avaliação de desempenho para as empresas, assinale (V) para verdadeiro e (F) para falso:

   ( ) Os elementos da avaliação de desempenho, do processo decisório e do controle não possuem nenhuma relação.

   ( ) O processo de avaliação de desempenho apresenta estreita relação com a mensuração.

   ( ) Os pareceres oriundos da avaliação de desempenho contribuem para o processo de tomada de decisão.

   ( ) Tudo que é medido não é gerenciado.

   ( ) Dentre os artefatos de contabilidade gerencial, inserem-se os sistemas de avaliação de desempenho, que podem englobar tanto os indicadores financeiros quanto os não financeiros.

4. Com relação aos elementos que compõem a avaliação de desempenho, assinale (V) para verdadeiro e (F) para falso:

   ( ) Os sistemas de avaliação de desempenho não devem fazer uso de medidas financeiras e não financeiras.

   ( ) A organização não é vista como uma estrutura hierárquica, mas como um conjunto coordenado de processos.

( ) Os sistemas de avaliação de desempenho devem reagir lentamente às mudanças nos contextos internos e externos.

( ) Os sistemas de avaliação de desempenho devem atender a poucos grupos de interesses.

( ) A avaliação de desempenho ajuda a desenvolver os objetivos e as estratégias predefinidas.

( ) Estratégia é a dimensão fundamental do modelo. O sistema de avaliação de desempenho deve assegurar que as medidas adotadas sejam divergentes da estratégia.

5. Assinale a opção **incorreta** quanto à finalidade da avaliação de desempenho:

a) Obter o comprometimento das pessoas em relação aos resultados desejados pela empresa.
b) Tornar claro que resultados são conseguidos por meio da atuação isolada dos departamentos empresariais.
c) Melhorar a comunicação entre os níveis hierárquicos na organização, criando um clima de diálogo construtivo e eliminando dissonâncias, ansiedades e incertezas.
d) Conseguir melhorias na empresa, voltadas à produtividade, à qualidade e à satisfação dos clientes, bem como em relação aos aspectos econômicos e financeiros.
e) Tornar dinâmico o planejamento da empresa.

Questões para reflexão

1. Qual é a relação dos colaboradores com a avaliação de desempenho organizacional? Justifique enfatizando a importância da avaliação de desempenho.

2. Considerando a relevância da avaliação de desempenho para as organizações, reflita sobre esse papel no âmbito empresarial.

3. Reflita sobre os indicadores de desempenho existentes em uma empresa e exemplifique sua resposta.

4. Com base na estrutura organizacional, identifique e justifique em quais níveis hierárquicos (estratégico, tático e operacional) são utilizados os sistemas de indicadores de desempenho da organização.

5. Explique a importância do processo de avaliação de desempenho para o cenário empresarial.

Saiba mais

Corrêa, H. L.; Hourneaux Júnior, F. Sistemas de mensuração e avaliação de desempenho organizacional: estudo de casos no setor químico no Brasil. **Revista Contabilidade & Finanças**, v. 19, n. 48, p. 50-64, set./dez. 2008.

Esse artigo apresenta os resultados de uma pesquisa realizada com quatro grandes empresas brasileiras do setor químico, descrevendo os seus respectivos sistemas de mensuração e avaliação de desempenho organizacional.

Portulhak, H. **Proposta de modelagem conceitual do *public value scorecard* como instrumento integrado ao planejamento estratégico de um hospital universitário federal**. 241 f. Dissertação. (Mestrado em Contabilidade) – Programa de Pós-Graduação em Contabilidade, Universidade Federal do Paraná, Curitiba, 2013. Disponível em: <http://www.ppgcontabilidade.ufpr.br/wp-content/uploads/2015/05/D091.pdf >. Acesso em: 14 jul. 2015.

Essa pesquisa objetiva desenvolver um modelo conceitual de avaliação de desempenho com base no *Public Value Scorecard* (PVS), que está integrado ao planejamento estratégico do hospital universitário federal, objeto desse estudo.

SILVA, A. S.; LEAL, R. B.; FERREIRA, A. C. DE S. Avaliação de desempenho sob as perspectivas financeira e não financeira: a gestão estratégica de uma organização militar prestadora de serviços da Marinha. **Revista de Contabilidade e Controladoria**, v. 3, n. 2, p. 38-56, 2011.

O objetivo desse estudo é verificar se a adoção de um Plano de Gestão Estratégica (PGE) por uma Organização Militar Prestadora de Serviços Industriais (OMPS-I), que considerou aspectos financeiros e não financeiros na avaliação de seu desempenho, trouxe benefícios à sua gestão.

Estudo de caso

Leia atentamente o caso a seguir e, na sequência, responda às questões.

A fábula dos porcos assados (Cintra, 2007)

"CERTA VEZ, ocorreu um incêndio num bosque onde havia alguns porcos, que foram assados pelo fogo. Os homens, que até então os comiam crus, experimentaram a carne assada e acharam-na deliciosa. A partir daí, toda vez que queriam comer porco assado, incendiavam um bosque. O tempo passou, e o sistema de assar porcos continuou basicamente o mesmo.

Mas as coisas nem sempre funcionavam bem: às vezes os animais ficavam queimados demais ou parcialmente crus. As causas do fracasso do sistema, segundo os especialistas, eram atribuídas à indisciplina dos porcos, que não permaneciam onde deveriam, ou à inconstante natureza do fogo, tão difícil de controlar, ou, ainda, às árvores, excessivamente verdes, ou à umidade da terra ou ao serviço de informações meteorológicas, que não acertava o lugar, o momento e a quantidade das chuvas.

As causas eram, como se vê, difíceis de determinar – na verdade, o sistema para assar porcos era muito complexo. Fora montada uma grande estrutura: havia maquinário diversificado, indivíduos dedicados a acender o fogo e especialistas em ventos – os anemotécnicos. Havia um diretor-geral de Assamento e Alimentação Assada, um diretor de Técnicas Ígneas, um administrador-geral de Reflorestamento, uma Comissão de Treinamento Profissional em Porcologia, um Instituto Superior de Cultura e Técnicas Alimentícias e o Bureau Orientador de Reforma Igneo-operativas.

Eram milhares de pessoas trabalhando na preparação dos bosques, que logo seriam incendiados. Havia especialistas estrangeiros estudando a importação das melhores árvores e sementes, fogo mais potente etc. Havia grandes instalações para manter os porcos antes do incêndio, além de mecanismos para deixá-los sair apenas no momento oportuno.

Um dia, um incendiador chamado João Bom-Senso resolveu dizer que o problema era fácil de ser resolvido – bastava, primeiramente, matar o porco escolhido, limpando e cortando adequadamente o animal, colocando-o então sobre uma armação metálica sobre brasas, até que o efeito do calor – e não as chamas – assasse a carne.

Tendo sido informado sobre as ideias do funcionário, o diretor-geral de Assamento mandou chamá-lo ao seu gabinete e disse-lhe:

– Tudo o que o senhor propõe está correto, mas não funciona na prática. O que o senhor faria, por exemplo, com os anemotécnicos, caso viéssemos a aplicar a sua teoria? E com os acendedores de diversas especialidades? E os especialistas em sementes? Em árvores importadas? E os desenhistas de instalações para porcos, com suas máquinas purificadoras de ar? E os conferencistas e estudiosos, que ano após ano têm trabalhado no Programa de Reforma e Melhoramentos? Que faço com eles, se a sua solução resolver tudo, hein?

– Não sei, disse João, encabulado.

– O senhor percebe agora que a sua ideia não vem ao encontro daquilo de que necessitamos? O senhor não vê que, se tudo fosse tão simples, nossos especialistas já teriam encontrado a solução há muito tempo? O senhor, com certeza, compreende que eu não posso simplesmente convocar os anemotécnicos e dizer-lhes que tudo se resume a utilizar brasinhas, sem chamas? O que o senhor espera que eu faça com os quilômetros de bosques já preparados, cujas árvores não dão frutos e nem têm folhas para dar sombra? E o que fazer com nossos engenheiros em porcopirotecnia? Vamos, diga-me!

– Não sei, senhor.

– Bem, agora que o senhor conhece as dimensões do problema, não saia dizendo por aí que pode resolver tudo. O problema é bem mais sério do que o senhor imagina. Agora, entre nós, devo recomendar-lhe que não insista nessa sua ideia – isso poderia trazer problemas para o senhor no exercício do cargo...

João Bom-Senso, coitado, não falou mais um 'a'. Sem despedir-se, meio atordoado, meio assustado com a sua sensação de estar caminhando de cabeça para baixo, saiu de fininho e ninguém nunca mais o viu. Por isso é que até hoje se diz, quando há reuniões de Reforma e Melhoramentos, que falta o Bom-Senso.

[...]

(O texto original, de autoria desconhecida, circulou entre os alunos de pós-graduação em Piracicaba (SP) no ano de 1981)"

Conforme vocês puderam perceber, o caso que acabamos de ler ilustra o que não pode ocorrer no planejamento estratégico. Acerca desse assunto, relacione "A fábula dos porcos assados" ao planejamento estratégico elaborado por sua empresa.

Resolução:

"A fábula dos porcos assados" retrata uma situação que muitas vezes ocorre no cenário empresarial. Muitas organizações desperdiçam tempo e dinheiro em processos como os relatados na fábula. No entanto, os problemas devem ser observados sob outra perspectiva, devendo-se verificar se realmente obtemos uma melhoria significativa ou se estamos dando importância para algo que não faz sentido. No planejamento estratégico, é importante refletir sobre os indicadores relevantes da entidade, e não sobre a eficácia do "incêndio da floresta". Assim, devemos mensurar o que realmente faz sentido para que possamos potencializar os resultados organizacionais e, consequentemente, atrair novos clientes e acionistas.

Para concluir...

A parte financeira da contabilidade foi desenvolvida nos capítulos 1, 2, 3 e 4 com o intuito de esclarecer os aspectos práticos dessa ciência social. Para tanto, essas seções trouxeram uma gama de exercícios resolvidos para o desenvolvimento *pari passu* de cada conteúdo abordado.

A parte gerencial foi contemplada nos capítulos 5, 6 e 7, nos quais o foco foi teórico, com vistas a auxiliar você na tomada de decisão diante de várias situações inerentes às organizações e que são de suma importância para o seu desempenho eficaz. Paralelamente, discutimos também a controladoria e a avaliação de desempenho, sempre com foco no ambiente organizacional.

Ao finalizarmos esta obra, esperamos ter contribuído com seu aprendizado de forma eficaz, no que tange ao processo contábil tanto na área financeira quanto na gerencial. Esses aspectos são relevantes para o estudo da contabilidade, tendo em vista que o foco é a sobrevivência e a continuidade das empresas. Sendo assim, esperamos que o profissional que tiver esta obra em mãos esteja pronto para as diversas nuances e desafios que a contabilidade apresenta.

Referências

ALMEIDA, L. B. DE; PARISI, C.; PEREIRA, C. A. Ambiente, empresa, gestão e eficácia. In: CATELLI, A. (Coord.). **Controladoria**: uma abordagem da gestão econômica – Gecon. 2. ed. São Paulo: Atlas, 2001. p. 343-355.

ARTIFON, R. L.; BEUREN, I. M. Informações da controladoria de suporte à decisão logística. **Revista Cesumar – Ciências Humanas e Sociais Aplicadas**, v. 16, n. 1, p. 73-102, jan./jun. 2011.

ATKINSON, A. A. et al. **Contabilidade gerencial**. São Paulo: Atlas, 2000.

ÁVILA, C. A. DE. **Gestão contábil para contadores e não contadores**. 2. ed. Curitiba: Ibpex; 2011.

BCB – BANCO CENTRAL DO BRASIL. **Comunicado n. 14.259**. 10 mar. 2006. Disponível em: <https://www3.bcb.gov.br/normativo/detalharNormativo.do?method=detalharNormativo&N=106064950>. Acesso em: 14 abr. 2015.

BEUREN, I. M. O papel da controladoria no processo de gestão. In: SCHMIDT, P. (Org.). **Controladoria**: agregando valor para a empresa. Porto Alegre: Bookman, 2002. p. 15-38.

BEUREN, I. M.; LOURENSI, A. Inserção da controladoria em teses da FEA/USP: uma análise nas perspectivas dos aspectos conceitual, procedimental e organizacional. **Contabilidade Vista & Revista**, v. 22, n. 1, p. 15-42, 2011. Disponível em: <http://www.redalyc.org/articulo.oa?id=197017517002>. Acesso em: 14 abr. 2015.

BORINELLI, M. L. **Estrutura conceitual básica de controladoria**: sistematização à luz da teoria e da práxis. 341 f. Tese (Doutorado em Contabilidade) – Faculdade de Economia, Administração e Contabilidade, Universidade de São Paulo, São Paulo, 2006. Disponível em: <http://www.teses.usp.br/teses/disponiveis/12/12136/tde-19032007-151637/publico/Tesemarcioborinelli.pdf>. Acesso em: 14 abr. 2015.

BORTOLUZZI, S. C. et al. Práticas de avaliação de desempenho organizacional em pequenas e médias empresas: investigação em uma empresa de porte médio do ramo moveleiro. **Revista Produção Online**, v. 10, n. 3, p. 551-576, set. 2010. Disponível em: <http://producaoonline.org.br/rpo/article/viewFile/244/717>. Acesso em: 14 abr. 2015.

BRAGG, S. M.; ROEHL-ANDERSON, J. M. **Manual del controler**: funciones, procedimientos y responsabilidades. Barcelona: Deusto, 1996.

BRASIL. Constituição (1988). **Diário Oficial da União**, Brasília, DF, 5 out. 1988.

_____. Decreto n. 3.000, de 26 de março de 1999. **Diário Oficial da União**, Poder Executivo, Brasília, DF, 29 mar. 1999. Disponível em: <http://www.planalto.gov.br/ccivil_03/decreto/d3000.htm>. Acesso em: 14 jul. 2015.

_____. Decreto-Lei n. 5.452, de 1 de maio de 1943. **Diário Oficial da União**, Poder Executivo, Brasília, DF, 14 set. 2001a. Disponível em: <http://www.planalto.gov.br/ccivil_03/decreto-lei/del5452.htm>. Acesso em: 14 abr. 2015.

_____. Lei n. 4.320, de 17 de março de 1964. **Diário Oficial da União**, Poder Legislativo, Brasília, DF, 23 mar. 1964. Disponível em: <http://www.planalto.gov.br/ccivil_03/leis/l4320.htm>. Acesso em: 14 abr. 2015.

Brasil. Lei n. 5.172, de 25 de outubro de 1966. **Diário Oficial da União**, Poder Legislativo, Brasília, DF, 27 out. 1966. Disponível em: <http://www.planalto.gov.br/ccivil_03/leis/l5172.htm>. Acesso em: 14 abr. 2015.

_____. Lei n. 6.404, de 15 de dezembro de 1976. **Diário Oficial da União**, Poder Legislativo, Brasília, DF, 17. dez. 1976. Disponível em: <http://www.planalto.gov.br/ccivil_03/leis/l6404consol.htm>. Acesso em: 14 abr. 2015.

_____. Lei n. 7.730, de 31 de janeiro de 1989. **Diário Oficial da União**, Poder Legislativo, Brasília, DF, 1º fev. 1989. Disponível em: <http://www.planalto.gov.br/ccivil_03/leis/L7730.htm>. Acesso em: 14 abr. 2015.

_____. Lei n. 8.212, de 24 de julho de 1991. **Diário Oficial da União**, Poder Legislativo, Brasília, DF, 25 jul. 1991. Disponível em: <http://www.planalto.gov.br/ccivil_03/leis/l8212cons.htm>. Acesso em: 14 abr. 2015.

_____. Lei n. 9.249, de 26 de dezembro de 1995. **Diário Oficial da União**, Poder Legislativo, Brasília, DF, 27 dez. 1995. Disponível em: <http://www.planalto.gov.br/ccivil_03/leis/l9249.htm>. Acesso em: 14 abr. 2015.

_____. Lei n. 9.457, de 5 de maio de 1997. **Diário Oficial da União**, Poder Legislativo, Brasília, DF, 6 maio 1997. Disponível em: <http://www.planalto.gov.br/ccivil_03/leis/L9457.htm>. Acesso em: 14 abr. 2015.

_____. Lei n. 10.303, de 31 de outubro de 2001. **Diário Oficial da União**, Poder Legislativo, Brasília, DF, 1º nov. 2001b. Disponível em: <http://www.planalto.gov.br/ccivil_03/leis/leis_2001/l10303.htm>. Acesso em: 14 abr. 2015.

_____. Lei n. 10.833, de 29 de dezembro de 2003. **Diário Oficial da União**, Poder Legislativo, Brasília, DF, 30 dez. 2003a. Disponível em: <http://www18.receita.fazenda.gov.br/legislacao/Leis/2003/lei10833.htm>. Acesso em: 14 abr. 2015.

_____. Lei n. 11.638, de 28 de dezembro de 2007. **Diário Oficial da União**, Poder Legislativo, Brasília, DF, 28 dez. 2007. Disponível em: <http://www.planalto.gov.br/ccivil_03/_ato2007-2010/2007/lei/l11638.htm>. Acesso em: 14 abr. 2015.

Brasil. Lei n. 11.941, de 27 de maio de 2009. **Diário Oficial da União**, Poder Legislativo, Brasília, DF, 28 maio 2009. Disponível em: <http://www.planalto.gov.br/ccivil_03/_ato2007-2010/2009/lei/l11941.htm>. Acesso em: 14 abr. 2015.

_____. Lei n. 12.973, de 13 de maio de 2014. **Diário Oficial da União**, Poder Legislativo, Brasília, DF, 14 maio 2014a. Disponível em: <http://www18.receita.fazenda.gov.br/legislacao/Leis/2014/lei12973.htm>. Acesso em: 14 abr. 2015.

_____. Lei n. 13.043, de 13 de novembro de 2014. **Diário Oficial da União**, Poder Legislativo, Brasília, DF, 14 nov. 2014b. Disponível em: <http://www18.receita.fazenda.gov.br/legislacao/Leis/2014/lei13043.htm>. Acesso em: 14 abr. 2015.

_____. Lei Complementar n. 116, de 31 de julho de 2003. **Diário Oficial da União**, Poder Legislativo, Brasília, DF, 1º ago. 2003b. Disponível em: <http://www.planalto.gov.br/ccivil_03/leis/lcp/lcp116.htm>. Acesso em: 14 abr. 2015.

_____. Lei Complementar n. 123, de 14 de dezembro de 2006. **Diário Oficial da União**, Brasília, DF, 15 dez. 2006. Disponível em: <http://www.planalto.gov.br/ccivil_03/leis/lcp/lcp123.htm>. Acesso em: 14 abr. 2015.

_____. Lei Complementar n. 139, de 10 de novembro de 2011. **Diário Oficial da União**, Brasília, DF, 11 nov. 2011. Disponível em: <http://www.planalto.gov.br/ccivil_03/leis/lcp/lcp139.htm>. Acesso em: 14 abr. 2015.

_____. Lei Complementar n. 147, de 7 de agosto de 2014. **Diário Oficial da União**, Brasília, DF, 8 ago. 2014c. Disponível em: <http://www.planalto.gov.br/ccivil_03/leis/lcp/Lcp147.htm>. Acesso em: 14 abr. 2015.

_____. Medida Provisória n. 449, de 3 de dezembro de 2008. **Diário Oficial da União**, Poder Legislativo, Brasília, DF, 12 dez. 2008. Disponível em: <http://www.planalto.gov.br/ccivil_03/_ato2007-2010/2008/mpv/449.htm>. Acesso em: 14 abr. 2015.

Bruni, A. L.; Gomes, S. M. da S. **Controladoria empresarial**: conceitos, ferramentas e desafios. Salvador: EDUFBA, 2010.

CFC – Conselho Federal de Contabilidade. Resolução CFC n. 750, de 29 de dezembro de 1993. **Diário Oficial da União**, Brasília, DF, 29 dez. 1993. Disponível em: <http://www.crc.org.br/legislacao/princ_fundamentais/pdf/princ_fundamentais_rescfc750.pdf>. Acesso em: 14 abr. 2015.

_____. Resolução CFC n. 774, de 16 de dezembro de 1994. **Diário Oficial da União**, Brasília, DF, 18 jan. 1995. Disponível em: <http://www.crc.org.br/legislacao/princ_fundamentais/pdf/princ_fundamentais_rescfc774.pdf>. Acesso em: 14 abr. 2015.

_____. Resolução CFC n. 1.055, de 7 de outubro de 2005. **Diário Oficial da União**, Brasília, DF, 24 out. 2005. Disponível em: <http://www.portaldecontabilidade.com.br/legislacao/cfc1055.htm>. Acesso em: 14 abr. 2015.

_____. Resolução CFC n. 1.138, de 21 de novembro de 2008. **Diário Oficial da União**, Brasília, DF, 28 nov. 2008. Disponível em: <http://www.normaslegais.com.br/legislacao/resolucaocfc1138_2008.htm>. Acesso em: 14 abr. 2015.

_____. Resolução CFC 1.282, de 28 de maio de 2010. **Diário Oficial da União**, Brasília, DF, 2 jun. 2010. Disponível em: <http://portaldeauditoria.com.br/resolucoescfc/resolucao-cfc-1282_2010.asp>. Acesso em: 14 abr. 2015.

Cintra, M. A fábula dos porcos assados. **Revista Jurídica Consulex**, 28 fev. 2007. Disponível em: <http://www.marcoscintra.org/artigos2.php?id_artigos=160&id_veiculo=8>. Acesso em: 13 jul. 2015.

CPC – Comitê de Pronunciamentos Contábeis. **Pronunciamento conceitual básico (R1)**. Disponível em: <http://static.cpc.mediagroup.com.br/Documentos/147_CPC00_R1.pdf>. Acesso em: 14 abr. 2015a.

_____. **Pronunciamento técnico CPC 09**. Disponível em: <http://static.cpc.mediagroup.com.br/Documentos/175_CPC_09.pdf>. Acesso em: 14 abr. 2015b.

CVM – Comissão de Valores Mobiliários. Deliberação CVM n. 488, de 3 de outubro de 2005. **Diário Oficial da União**, Brasília, DF, 29 dez. 2005. Disponível em: <http://www.icbrasil.com.br/legislacao/Legislacao_icb_11_1_07_2.pdf>. Acesso em: 14 abr. 2015.

CVM – Comissão de Valores Mobiliários. Deliberação CVM n. 557, de 12 de novembro de 2008. **Diário Oficial da União**, Brasília, DF, 17 nov. 2008a. Disponível em: <http://www.normaslegais.com.br/legislacao/deliberacaocvm557_2008.htm>. Acesso em: 14 abr. 2015.

Comissão de Valores Mobiliários. Instrução n. 457, de 13 de julho de 2007. **Diário Oficial da União**, Brasília, DF, 16 jul. 2007. Disponível em: <https://www.legisweb.com.br/legislacao/?id=74038>. Acesso em: 14 abr. 2015.

______. Instrução n. 465, 20 de fevereiro de 2008. **Diário Oficial da União**, Brasília, DF, 21 fev. 2008b. Disponível em: <http://www.cnb.org.br/CNBV/instrucoes/ins465-2008.htm>. Acesso em: 14 abr. 2015.

______. Instrução n. 469, de 2 de maio de 2008. **Diário Oficial da União**, Brasília, DF, 5 maio 2008c. Disponível em: <http://www.cvm.gov.br/legislacao/inst/inst469.html>. Acesso em: 22 ago. 2015.

Ferreira, A.; Otley, D. The Design and Use of Performance Management Systems: an Extended Framework for Analysis. **Management Accounting Research**, v. 20, n. 4, p. 263-282, 2009.

Fisch, S.; Mosimann, C. P. **Controladoria**: seu papel na administração de empresas. 2. ed. São Paulo: Atlas, 1999.

Franco, H. **50 anos de contabilidade**. São Paulo: Atlas, 1993.

Freire, M. D. de M. et al. Aderência às Normas Internacionais de Contabilidade pelas empresas brasileiras. **Revista de Contabilidade e Organizações**, v. 6, n. 15, p. 3-22, 2012. Disponível em: <http://www.rco.usp.br/index.php/rco/article/viewFile/384/236>. Acesso em: 14 abr. 2015.

Frezatti, F. Management Accounting Profile of Firms Located in Brazil: a Field Study. **BAR – Brazilian Administration Review**, v. 2, n. 1, p. 73-87, jan./jun. 2005.

Gelbcke, E. R. et al. **Manual de contabilidade societária**: aplicável a todas as sociedades. 2. ed. São Paulo: Atlas, 2013.

Gelbcke, E. R.; Iudícibus, S. de; Martins, E. **Manual da contabilidade das sociedades por ações**: aplicável às demais sociedades. 7. ed. São Paulo: Atlas, 2007.

GUERREIRO, R. **Modelo conceitual de sistema de informação de gestão econômica**: uma contribuição à teoria da comunicação da contabilidade. Tese (Doutorado em Contabilidade) – Faculdade de Economia, Administração e Contabilidade, Universidade de São Paulo, São Paulo, 1989.

HECKERT, J. B.; WILSON, J. D. **Controllership**. New York: Ronald Press Company, 1963.

HENDRIKSEN, E. S.; VAN BREDA, M. F. **Teoria da contabilidade**. 5. ed. São Paulo: Atlas, 2012.

IFRS – INTERNATIONAL FINANCIAL REPORTING STANDARDS. **Normas Internacionais de Contabilidade**. São Paulo: Atlas, 2011.

JIAMBALVO, J. **Contabilidade gerencial**. Rio de Janeiro: LTC, 2002.

KANITZ, S. C. **Controladoria**: teoria e estudo de casos. São Paulo: Pioneira, 1976.

KAPLAN, R. S.; NORTON, D. P. **A estratégia em ação**: balanced scorecard. Rio de Janeiro: Campus, 1997.

LIBONATI, J. J.; MIRANDA. L. C. Planejamento operacional. In: SCHMIDT, P. (Org.). **Controladoria**: agregando valor para a empresa. Porto Alegre: Bookman, 2002. p. 53-78.

LIMA, F. B. DE et al. A controladoria em instituições financeiras: estudo de caso no Banco do Nordeste do Brasil S. A. **Contabilidade Vista & Revista**, v. 22, n. 1, p. 43-72, 2011.

LIMA, G. B. C.; OLIVEIRA-CASTRO, G. A.; VEIGA, M. R. M. Implantação de um sistema de avaliação de desempenho: métodos e estratégias. **Revista de Administração**, v. 31, n. 3, p. 38-52, 1996.

MARION, J. C. **Contabilidade básica**. 10. ed. São Paulo: Atlas, 2009.

MIRANDA. L. C.; SILVA, J. D. G. DA. Medição de desempenho. In: SCHMIDT, P. (Org.). **Controladoria**: agregando valor para a empresa. Porto Alegre: Bookman, 2002. p. 131-153.

NAKAGAWA, M. **Introdução à controladoria**: conceitos, sistemas, implementação. São Paulo: Atlas, 1993.

NIYAMA, J. K. **Contabilidade internacional**. São Paulo: Atlas, 2005.

OLIVEIRA, D. de P. R. DE. **Planejamento estratégico**: conceitos, metodologia e práticas. 15. ed. São Paulo: Atlas, 2001.

Otley, D. Management Control in Contemporary Organizations: Towards a Wider Framework. **Management Accounting Research**, v. 5, n. 3, p. 289-299, 1994.

Padoveze, C. L. **Controladoria avançada**. São Paulo: Pioneira Thomson Learning, 2005.

_____. **Controladoria básica**. São Paulo: Pioneira Thomson Learning, 2004.

_____. **Controladoria estratégica e operacional**: conceitos, estrutura, aplicação. São Paulo: Pioneira Thomson Learning, 2003.

Pereira, C. A. Ambiente, empresa, gestão e eficácia. In: Catelli, A. (Coord.). **Controladoria**: uma abordagem da gestão econômica – Gecon. 2. ed. São Paulo: Atlas, 2001a. p. 35-80.

_____. Avaliação de resultados e desempenhos. In: Catelli, A. (Coord.). **Controladoria**: uma abordagem da gestão econômica – Gecon. 2. ed. São Paulo: Atlas, 2001b. p. 196-267.

Pontes, B. R. **Avaliação de desempenho**: nova abordagem. 8. ed. São Paulo: LTR, 2002.

Santo, A. do E. **Estruturando a avaliação participativa de desempenho**: fundamentos, estratégicas, práticas e modelos. Londrina: Midiogral, 1997.

Veen-Dirks, P. Different Uses of Performance Measures: The Evaluation Versus Reward of Production Managers. **Accounting, Organizations and Society**, v. 35, n. 2, p. 141–164, 2010.

Respostas

Capítulo 1

Questões para revisão

1. A importância da adequação das demonstrações contábeis às Normas Internacionais de Contabilidade, emitidas pelo Iasb pode ser justificada com a alegação de que um único padrão contábil dá maior comparabilidade às demonstrações contábeis de diferentes países, o que reduz os custos de elaboração e conversão destas.
2. A Lei n. 12.973/2014, altera a legislação tributária federal relativa: ao Imposto sobre a Renda das Pessoas Jurídicas (IRPJ); à Contribuição Social sobre o Lucro Líquido (CSLL); à Contribuição para o PIS/Pasep; e à Contribuição para o Financiamento da Seguridade Social (Cofins). Além disso, essa mesma lei revoga o Regime Tributário de Transição (RTT), instituído pela Lei no 11.941/2009; dispõe sobre a tributação da pessoa jurídica domiciliada no Brasil, com relação ao acréscimo patrimonial decorrente de participação em lucros

auferidos no exterior por controladas e coligadas; altera o Decreto-Lei n. 1.598, de 26 de dezembro de 1977, e as seguintes Leis: n. 9.430, de 27 de dezembro de 1996; n. 9.249, de 26 de dezembro de 1995; n. 8.981, de 20 de janeiro de 1995; n. 4.506, de 30 de novembro de 1964; n. 7.689, de 15 de dezembro de 1988; n. 9.718, de 27 de novembro de 1998; n. 10.865, de 30 de abril de 2004; n. 10.637, de 30 de dezembro de 2002; n. 10.833, de 29 de dezembro de 2003; n. 12.865, de 9 de outubro de 2013; n. 9.532, de 10 de dezembro de 1997; n. 9.656, de 3 de junho de 1998; n. 9.826, de 23 de agosto de 1999; n. 10.485, de 3 de julho de 2002; n. 10.893, de 13 de julho de 2004; n. 11.312, de 27 de junho de 2006; n. 11.941, de 27 de maio de 2009; n. 12.249, de 11 de junho de 2010; n. 12.431, de 24 de junho de 2011; n. 12.716, de 21 de setembro de 2012; n. 12.844, de 19 de julho de 2013; e dá outras providências.

3. c
4. b
5. d

Questões para reflexão

1. A contabilidade é uma ciência cujas metodologias aplicadas visam captar, registrar e interpretar os fenômenos que afetam as situações patrimoniais das empresas.
2. A finalidade da contabilidade é fornecer aos administradores do patrimônio informações necessárias e suficientes para o exercício de suas funções. Para tanto, utiliza os mecanismos de registro dos fatos contábeis; demonstrações contábeis; cálculos financeiros; demonstrações da situação do patrimônio em determinado momento; análise e interpretação da situação do patrimônio.
3. Após a contabilização de todos os bens e direitos, temos como resultado o patrimônio, que é o patrimônio

bruto; quando subtraímos as obrigações, obtemos o Patrimônio Líquido.

4. A consequência é que a determinação do Lucro seria maior do que realmente ocorreu e o Passivo teria um valor menor do que o real.
5. Sob observância do princípio da oportunidade, o registro deve obedecer ao reconhecimento universal das variações ocorridas no patrimônio da entidade, em um período de tempo determinado, base necessária para gerar informações úteis ao processo decisório da gestão.

Capítulo 2

Questões para revisão

1. Houve uma classificação em três categorias, quais sejam:
   a. Destinadas à negociação – Avaliação pelo Valor Justo (*Fair value*);
   b. Disponíveis para a venda – Avaliação pelo Valor Justo (*Fair value*);
   c. Mantidas até o vencimento – Avaliação pelo Custo de Aquisição.
2. Despesa: Iasb – decréscimos nos benefícios econômicos durante o período contábil sob a forma de saída de recursos ou redução de ativos ou existência de Passivos, que resultam em decréscimo do Patrimônio Líquido e não se confundem com os que resultam de distribuição aos proprietários da entidade; Fasb – decréscimo no Ativo ou aumento no Passivo durante um período resultante da entrega de produtos, ou aluguel de serviços ou outra atividade que constitui a operação central do empreendimento.

   Custo: gasto relativo a bem ou serviço utilizado na produção de outros bens ou serviços.
3. b

4. d
5. a

Questões para reflexão

1. Os registros contábeis devem ser feitos de forma cronológica, tendo como consequência as mutações do patrimônio. Esses registros devem selecionar os grupos homogêneos nos quais evidenciam os aspectos qualitativo e quantitativo da contabilidade, o que caracteriza a técnica contábil de escrituração.
2. A despesa é um esforço monetário para a obtenção da receita, ou seja, produzir uma receita implica investimento. Por exemplo, a admissão de um funcionário gera uma despesa, porém o seu trabalho gerará também uma receita. Como as despesas buscam a geração de receitas, ambas devem ser confrontadas para apurar os resultados alcançados.
3. Tem como característica a personalidade física ou jurídica, ou seja, pode pertencer a uma pessoa ou a uma sociedade; é composto pelos bens, direitos e obrigações; para efeito contábil, um item só será componente do patrimônio se sua mensuração for possível. Outra característica é a normalidade de sua constante mutação, provocando acréscimo ou decréscimo conforme a qualidade da sua administração ou os fatores externos.
4. A dedução é que houve um aumento de Capital Social, com integralização em dinheiro, pois está definida a conta credora como Patrimônio Líquido e a conta devedora como Caixa.
5. Não ocorrerá nem aumento, nem diminuição do Patrimônio Líquido, pois trata-se apenas de um fato contábil permutativo.

Capítulo 3

Questões para revisão

1.

Compra de mercadorias	R$ 3.600,00
(+) Frete sobre compras	R$ 300,00
(–) ICMS sobre compras	R$ (400,00)
(=) Compras líquidas	R$ 3.500,00

O CMV é calculado por meio da fórmula:

CMV = EI + CL – EF

CMV = 1.500,00 + 3.500,00 – 1.000,00

CMV = 4.000,00

2.

Compra de mercadorias	R$ 3.600,00
(+) Frete sobre compras	R$ 300,00
(–) ICMS sobre compras	R$ (400,00)
(=) Compras líquidas	R$ 3.500,00

O CMV é calculado por meio da fórmula:

CMV = EI + CL – EF

CMV = 1.500,00 + 3.500,00 – 1.000,00

CMV = 4.000,00

3. b
4. d
5. a

Questões para reflexão

1. Nesta operação, há um aumento do Patrimônio Líquido, ocasionado por uma diminuição do Passivo superior à diminuição do Ativo, ou seja, uma baixa no Passivo Exigível, maior que a baixa no Ativo Circulante e, consequentemente, uma receita financeira gerada por conta do desconto, que equilibrará os valores lançados a débito e a crédito.

2. A situação líquida patrimonial pode ser positiva, nula e negativa. Quando o balanço apresenta uma equação dessa forma, temos o que chamamos de *Passivo a Descoberto* ou *situação líquida negativa*. Uma situação líquida positiva apresentaria a seguinte equação: ATIVO = PASSIVO + SITUAÇÃO LÍQUIDA.
3. Na estrutura do Balanço Patrimonial de uma entidade, coloca-se normalmente o Ativo do lado esquerdo e o Passivo Exigível e o Patrimônio Líquido do lado direito. Às vezes, entretanto, o Patrimônio Líquido aparece do lado esquerdo. Isso ocorre quando há uma situação líquida negativa, ou seja, quando as obrigações excedem aos Bens e Direitos.
4. A empresa Simulada tem em seu Imobilizado um prédio no qual funciona uma de suas filiais. Os diretores da empresa decidiram que o prédio de sua propriedade, localizado na Avenida Brasil, 280, passará a funcionar em um outro prédio e o atual será alugado, pois não serve mais como sede da sua filial. Após o prédio ser alugado, esse bem passa do Imobilizado para a conta de Investimento.
5. A classificação na conta Estoque, conforme a estrutura do Plano de Contas, já estudado, é no Ativo, presumindo-se que sejam realizados dentro de um ano, ou dentro do ciclo normal de operações. O detalhamento por conta dos estoques pode ser feito no próprio balanço. Uma forma bastante utilizada para que as Demonstrações Financeiras fiquem mais condensadas é a dos estoques apresentados no balanço pelo total, mas com uma nota explicativa demonstrando as principais categorias, dispostas em ordem de realização. A base de avaliação dos estoques ou métodos de determinação dos custos deve ser exposta na nota explicativa relativa aos principais critérios de avaliação dos elementos patrimoniais.

Capítulo 4

Questões para revisão

1.

EMPRESA FICTÍCIA LTDA.
CNPJ: 00.000.000/0001-01
ROL DAS CONTAS DO BALANCETE EM 31/12/2012

CONTAS	DÉBITO	CRÉDITO
Banco conta Movimento	17.875,00	
Conta Mercadoria	42.500,00	
Móveis e Utensílios	280.000,00	
CMV	212.500,00	
Salários e Ordenados	10.000,00	
Contribuições Previdenciárias	3.750,00	
Despesa com PCLD	3.500,00	
Impostos e Taxas	2.200,00	
PIS e Cofins	8.625,00	
ICMS sobre Vendas	52.500,00	
Pró-Labore	7.600,00	
Duplicatas a Receber	100.000,00	
Encargos de Depreciação	32.000,00	
Empréstimo		50.000,00
Capital Social		105.000,00
ICMS a Recolher		7.500,00
Depreciação Acumulada		44.800,00
Retenção de Lucros		51.200,00
Venda de Mercadorias		352.000,00
Fornecedores		157.750,00
PIS e Cofins a Recolher		1.800,00
Provisão para Crédito de Liquidação Duvidosa		3.000,00
TOTAL	**773.050,00**	**773.050,00**

2.

Compra de Mercadorias	R$ 3.600,00
(+) Frete sobre Compras	R$ 300,00
(–) ICMS sobre Compras	R$ (400,00)
(=) Compras Líquidas	R$ 3.500,00

O CMV é calculado através da fórmula:

CMV = EI + CL – EF

CMV = 1.500,00 + 3.500,00 – 1.000,00

CMV = 4.000,00

O lucro bruto é calculado por meio da DRE:

Venda de Mercadoria	R$ 12.640,00
(–) ICMS sobre Vendas	R$ (2.100,00)
(–) PIS sobre o Faturamento	R$ (400)
(–) Cofins	R$ (1.100,00)
(=) Vendas Líquidas	R$ 9.040,00
(–) CMV	R$ (4.000,00)
(=) Lucro Bruto	R$ 5.040,00

3. a
4. b
5. b

Questões para reflexão

1. De acordo com o estudado, a teoria personalista classifica as contas em: contas dos Proprietários, contas de Agentes Consignatários e contas dos Agentes Correspondentes.
2. As contas do Proprietário são: Capital Social, Comissões Ativas e Lucros Acumulados.
3. Deve compor as contas elencadas de acordo com a necessidade empresarial, função e funcionamento.
4. Representa uma origem de recursos e é um componente do Patrimônio Líquido da entidade, representando os recursos iniciais que seus sócios ou acionistas colocam à disposição dela, podendo também estar representado por recursos adicionais, oriundos deles ou de novos sócios ou acionistas, ou de parcela de recursos gerados pela entidade e formalmente integrados a ela.
5. Refere-se à escrituração com as operações registradas em rigorosa ordem cronológica de dia, mês e ano.

Capítulo 5

Questões para revisão

1. O funcionamento básico dos sistemas compreende três etapas: entrada, processamento e saída. A entrada caracteriza-se pelo ingresso dos recursos – tangíveis ou não. Na sequência, ocorre o processamento dos dados que foram inseridos pela empresa. Por fim, obtém-se a saída, tendo como resultado final os produtos, os bens e os serviços.
2. Comparação entre eficiência e eficácia:

Eficiência	Eficácia
• Fazer as coisas de maneira adequada; • Resolver problemas; • Salvaguardar os recursos aplicados; • Cumprir o seu dever; • Reduzir os custos.	• Fazer as coisas certas; • Produzir alternativas criativas; • Maximizar a utilização de recursos; • Obter resultados; • Aumentar o lucro.

3. F, V, V, F, V, V.
4. D, E, A, C, B.
5. D, B, C, A.

Questões para reflexão

1. No caso das empresas, o ambiente é formado por: fornecedores; governo (com suas leis e economia); comunidade (suas necessidades, seus costumes, sua cultura e seus hábitos); mercado de mão de obra; concorrentes; sistema financeiro; tecnologia; sindicatos; consumidores. Os consumidores são considerados no ambiente, porque não podem ser controlados pela empresa (ninguém pode forçar uma pessoa a comprar um produto ou serviço).
2. Pode-se afirmar que o gerenciamento das informações que circundam o ambiente externo e as informações provenientes do ambiente interno das organizações ajudam os gestores no processo complexo de tomada de decisões.

3. Na ótica de uma sistema aberto, a empresa interage com todos os elementos que congregam seu ambiente, utilizando-se de energia, informações, matérias-primas, recursos humanos, entre outros. Assim, ao realizar suas atividades, transforma esses elementos em produtos e serviços.
4. Os sistemas de informações apresentam diferentes definições e podem ser compreendidos como: um conjunto de procedimentos executados que contemplam informações para a tomada de decisão; um conjunto de normas e procedimentos que objetivam transmitir as diversas informações entre indivíduos ou órgãos; e um conjunto de componentes inter-relacionados que coletam, processam, armazenam e disseminam informação para amparar a tomada de decisão e o controle da organização.
5. Os dados são a matéria-prima que guia a informação. As informações alteram e afetam o comportamento organizacional e seu relacionamento com os subsistemas empresariais, sendo um recurso da maior importância, pois é fundamental na interação e integração no sistema empresa. Assim, entende-se que dados são os fatos brutos (exemplo: matéria-prima do processamento pelo computador) e que ainformação é o resultado do processamento do dado (exemplo: o que será utilizado para a tomada de decisão pelos gestores).

Capítulo 6

Questões para revisão

1. Conceitos de controladoria:
    a. Como ramo de conhecimento, pode ser conceituada como o conjunto de princípios, procedimentos e métodos oriundos das ciências da administração, economia, psicologia, estatística e, principalmente,

da contabilidade, que se ocupa da gestão econômica das empresas, com o fim de orientá-las para a eficácia.

b. Como órgão administrativo, é o órgão do sistema formal da organização, sendo responsável pelo controle do processo de gestão e pela geração e fornecimento de informações de ordens operacional, econômica, financeira e patrimonial, demandadas para assessorar as demais unidades organizacionais durante todo o processo de gestão (planejamento, execução e controle), buscando integrar os esforços dos gestores para que seja possível obter um resultado organizacional sinérgico e otimizado, incluindo também os agentes externos que se relacionam com a empresa, para que seja possível melhorar as tomadas de decisões.

2. A controladoria atua nos sistemas de informações ao definir a base de dados que será adotada pela empresa, elaborar modelos de decisões específicos para as unidades organizacionais de acordo com suas necessidades e padronizar o modelo de informação adotado pela organização.
3. F, F, V, V.
4. B, C, A.
5. F, V, V, F, F.

Questões para reflexão

1. O valor agregado pela controladoria nas organizações é consequência dos resultados de ter ou não ter esse órgão. Nesse sentido, os principais benefícios proporcionados pela controladoria são: promoção de eficácia organizacional, viabilização de gestão econômica e promoção de integração das áreas de responsabilidade da empresa.
2. A controladoria relaciona-se com a Tecnologia da Informação (TI) ao subsidiar o processo de gestão e

avaliação de desempenho, fornecendo aos gestores de informações o desempenho e o resultado econômico de cada uma das áreas. Essa função também absorve a supervisão da elaboração de orçamentos em TI e sua consolidação com as demais áreas da empresa. O relacionamento também ocorre quando a controladoria administra os sistemas de informações e estabelece a base de dados para organizar a informação essencial à gestão, elaborando para os gestores das áreas modelos de decisão relativos aos mais diversos eventos obtidos desses sistemas e padronizando as informações econômicas que vêm a ser o modelo de decisão empresarial.

3. A contabilidade gerencial é o processo de identificação, mensuração, acumulação, análise, preparação, interpretação e comunicação de informações financeiras utilizadas pela administração para planejamento, avaliação e controle dentro de uma organização, bem como para assegurar e contabilizar o uso apropriado de seus recursos. Dessa forma, a contabilidade gerencial e a controladoria caminham juntas no sentido de contribuir para o alcance dos objetivos da organização.
4. Sim. A contabilidade divide-se em contabilidade interna e contabilidade externa. A interna refere-se aos procedimentos gerenciais utilizados para a tomada de decisão. Por outro lado, a contabilidade externa, denominada *financeira* ou *societária*, é fundamentada em procedimentos legais e orientada para atender aos usuários externos, como o governo.
5. Sim. A controladoria se relaciona com a auditoria interna, que atua principalmente pelo controle interno, ou seja, esse departamento é responsável por verificar se as normas, as instruções e os procedimentos estão sendo atendidos. Tais informações são obtidas com base no

acompanhamento do sistema de controle interno da empresa; logo, há interação entre essas áreas.

Capítulo 7

Questões para revisão

1. As principais razões para as empresas investirem em sistemas de avaliação de desempenho estão relacionadas com a entidade: controlar as atividades operacionais da empresa; alimentar os sistemas de incentivo dos funcionários; controlar o planejamento; criar, implantar e conduzir estratégias competitivas; identificar problemas que necessitem de intervenção dos gestores; e verificar se a missão da empresa está sendo atingida.
2. Como facilitadora do processo de decisão, a avaliação de desempenho atua no sentido de acompanhar o processo de trabalho e fornecer *feedback* constante. Na ótica do desempenho, seu papel refere-se à capacidade de as informações contribuírem para a resolução dos problemas da entidade.
3. F, V, V, F, F.
4. F, V, F, F, V, F.
5. b

Questões para reflexão

1. Com a concorrência acirrada, as organizações demandam pessoas altamente qualificadas para atuarem no mercado. Todavia, para que isso seja possível, é preciso identificar os melhores empregados e treinar os que apresentam baixo desempenho. Nesse sentido, a avaliação de desempenho é importante nas organizações, pois oferece subsidio às decisões gerenciais e ao desenvolvimento profissional de cada colaborador, com base em critérios definidos de forma consensual.

2. No âmbito empresarial, avaliar o desempenho é um meio para tomar decisões adequadas. Esse é um processo complexo, que incorpora, além das características informativas necessárias para que seja possível julgar adequadamente um desempenho, requisitos essenciais que se integrem ao processo de gestão, em suas fases de planejamento, execução e controle.
3. Indicadores de avaliação de desempenho referem-se a índices numéricos estabelecidos sobre os efeitos de cada processo para mensurar suas qualidade – exemplificando, temos 0% de satisfação dos clientes sobre determinado produto.
4. O sistema de indicadores de desempenho da organização deve estar presente em todas as etapas do processo da organização e em todos os níveis hierárquicos (estratégico, tático e operacional).
5. O processo de avaliação é relevante para o cenário empresarial, tendo em vista que a avaliação de desempenho refere-se ao acompanhamento diário do progresso, à solução contínua dos problemas e à revisão final dos resultados conquistados, além de contribuir para a elaboração dos planos organizacionais futuros.

Sobre as autoras

Neusa Higa tem graduação em Ciências Contábeis (1990) – Licenciatura Plena em Matemática (2001) e especialização em Contabilidade Gerencial e Auditoria (1999) pela Universidade Paranaense (Unipar) e em Formação de Docentes e Orientadores Acadêmicos em EaD (2013) pelo Centro Universitário Uninter. Atualmente é mestranda em Contabilidade pela Universidade Federal do Paraná (UFPR). Tem experiência profissional em contabilidade comercial e pública, tendo atuado, tanto na área docente quanto técnica.

Stella Maris Lima Altoé tem graduação em Ciências Contábeis (2010) e especialização em Controladoria e Contabilidade (2013) pela Universidade Estadual de Maringá (UEM). É mestre em Contabilidade (2012-2014) pela Universidade Federal do Paraná (UFPR) e, atualmente, é doutoranda em Contabilidade pela UFPR. Tem experiência profissional na área contábil. Atualmente desenvolve pesquisas no Programa de Pós-graduação em Contabilidade da UFPR, com ênfase em contabilidade e controle gerencial.

Os papéis utilizados neste livro, certificados por instituições ambientais competentes, são recicláveis, provenientes de fontes renováveis e, portanto, um meio sustentável e natural de informação e conhecimento.

FSC
www.fsc.org
MISTO
Papel produzido a partir de fontes responsáveis
FSC® C114026

Impressão: Optagraf

Abril/2022